机构股东、公司治理与治理效率研究

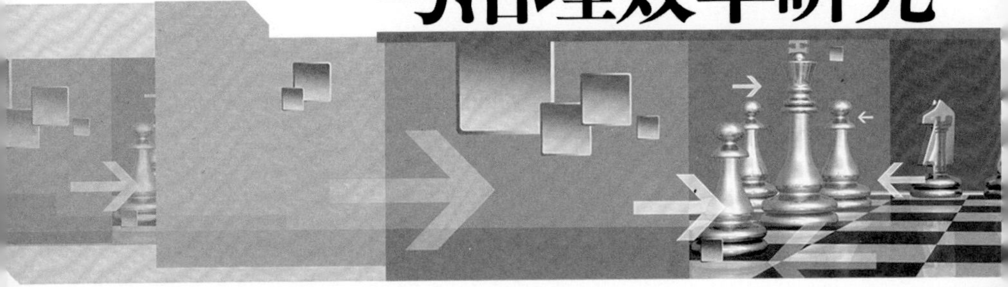

The Study on the Relationship Between Institutional Shareholders, Corporate Governance and Governance Efficiency

赵敏 ◎著

暨南大學出版社
JINAN UNIVERSITY PRESS
中国·广州

图书在版编目（CIP）数据

机构股东、公司治理与治理效率研究／赵敏著．—广州：暨南大学出版社，2010.7
ISBN 978－7－81135－503－1

Ⅰ.①机…　Ⅱ.①赵…　Ⅲ.①股份有限公司—股东—研究—中国 ②股份有限公司—企业管理—研究—中国
Ⅳ.①F279.246

中国版本图书馆 CIP 数据核字（2010）第 071919 号

出版发行：暨南大学出版社

地　址：中国广州暨南大学
电　话：总编室（8620）85221601
营销部（8620）85225284　85228291　85220693（邮购）
传　真：（8620）85221583（办公室）　85223774（营销部）
邮　编：510630
网　址：http：//www.jnupress.com　http：//press.jnu.edu.cn

排　版：暨南大学出版社照排中心
印　刷：暨南大学印刷厂

开　本：850mm×1168mm　1/32
印　张：7.5
字　数：150 千
版　次：2010 年 7 月第 1 版
印　次：2010 年 7 月第 1 次

定　价：20.00 元

作者简介

赵敏，女，1978 年生，江苏省淮安市人，2009 年 3 月毕业于上海财经大学，获管理学博士学位，现为南京财经大学讲师，主要担任国际会计（双语）及会计学的教学与研究工作。先后在《当代财经》、《财会月刊》、《财会通讯》等核心期刊上发表论文 10 多篇。参与国家自然科学基金项目 1 项，主持校级课题 2 项。主要研究方向是公司治理问题中机构投资者的角色定位及基于我国证券市场的相关实证与案例探究。

前　言

“一股独大”、“内部人控制”的相互交织是我国上市公司治理的先天性缺陷，这一缺陷导致控股大股东侵害中小股东利益的案例比比皆是，而由于相关法律与制度的缺失，我国中小股东维护自身利益的手段少之又少，其维权的艰辛从最近五粮液的“诉讼门”① 事件中可见一斑。拥

① 2009年9月9日，五粮液集团因涉嫌违反证券法律法规，被证监会立案调查。9月23日，证监会公布了初步调查结果：五粮液涉嫌“三宗罪”——未按照规定披露重大证券投资行为及较大损失、未如实披露重大证券投资损失且披露的主营业务收入数据存在差错。10月3日，封毅等四股民向成都市中级人民法院递交诉状，状告五粮液和四川华信会计师事务所，请求确认华信出具的五粮液相关审计报告为不实报告，并判令两被告赔偿原告投资损失约15万元。10月13日，四川省高院以其缺乏有关部门的行政处罚决定或公告，驳回其代理的诉讼请求，不予立案。此后，证监会以“仍在调查”为由迟迟没对五粮液作出行政处罚，令股民起诉一度停滞。

有“股市维权先锋”称号的股民谭正标在进行了一系列的维权行动后，就曾感叹道：如果“朝中无人”，中小股东在维护自己的权益方面不可能走得太远。

那么谁最后能成为这“朝中之人”？这是值得我们思考的一个问题。1999年初，在证监会“超常规、创造性地培养与发展机构投资者”的政策扶持下，我国机构投资者迅猛发展。2005年4月29日，证监会颁布了《关于上市公司股权分置改革试点有关问题的通知》（简称《4·29通知》），该通知开启了非流通股逐步流通的大门，国有股与法人股逐渐退出上市公司，机构投资者的持股比率不断提高。在机构投资者队伍逐渐壮大的今天，我们不禁要问：机构投资者这一新生力量能否成为中小股东的有力代言人，保护中小股东的利益？这是促使本书进行机构投资者治理功能研究的一个原动力。

20世纪80年代，西方国家机构投资者迅猛发展，随着机构投资者持股比率的不断提高，当上市公司的股价下跌时，机构投资者移动“华尔街之脚”的成本大大增加。在这种情况下，当上市公司发生严重的治理危机时，机构投资者逐渐放弃了一贯使用的“用脚投票”的处理方式，转而采用“用手投票”[①] 的方式来积极应对公司治理危机，这种现象被称为“机构股东积极主义（institutional stockholder activism）”。机构股东积极主义让我们看到了机构维权的希望，国外学者也从不同的维度研究了机构投资者与公司治理的关系，并获得了大量机构投资者积极行动的直接证据和研究成果。虽然我国的机构投资者也在蓬勃发展，而且 2002 年胜利股份表决权的争夺、2003 年中兴通讯 H 股、招行可转债的发行失败以及 2005 年万科地产公司章程修改、神火股份可转债发行风波等一系列事件也显示出我国机构投资者正在行动。但我国学者对于机构投资者的研究主要集中在其证券市场的功能上，对于其公司治理功能的研究尚处于起步阶段。对机构投资者在控股大股东侵害中小股东利益的第二类委托—代理问题中的作用机理的探讨更是空白。为此，本书以机构投资者与公司治理的关系为主线，通过构建博弈模型重点探讨了机构投资者在第二类委托—代理问题中的作用机理，同时通过相关案例与数据实证检验了机构投资者公司治理功能的实效。

① 机构投资者通过与公司董事会私下协商、发送解释函、提交股东议案、曝光劣迹公司等一系列方式积极参与公司治理活动，提升公司业绩，在公司治理中发挥着重要作用。

本书首先在评述国内外学者有关机构投资者参与公司治理的研究成果的基础上，通过构建不完美信息博弈模型探讨了机构投资者在第二类委托—代理问题中的作用机理，基于模型的推导与均衡解的分析发现：机构投资者持股比率越高、持股时间越长，机构投资者越有动力监督控股大股东的侵害行为，但机构股东监督只是法制监督的补充，无法从根本上抑制控股大股东的“掏空”行为。其监督有效性的发挥依赖于法律制度与监管体制的健全与完善。其次主要运用事件研究法（*CAR*）研究了神火股份可转债发行、万科地产公司章程修改以及清华同方、金牛能源股改三个机构行动的案例，找到了机构股东积极参与公司治理的直接证据，同时也发现了抑制机构股东作用发挥的重大因素——机构股东与控股大股东的合谋。最后以机构股东持股比率超过5%的制造业上市公司为研究样本，实证检验了机构股东对高管薪酬机制以及公司价值的影响。实证结果显示，目前我国的机构股东对制造业上市公司高管薪酬水平及薪酬结构还没有发挥积极的监督作用，但表现出偏好高薪酬激励的上市公司的选股特征，机构股东重视高管薪酬激励的效果，并通过“用脚投票”的方式表达对高管过度激励的不满。基于股权激励能够提升公司价值的理念，机构股东的存在能显著提高上市公司实行股权激励计划的概率。同时，机构股东的存在在一定程度上能够提升公司的价值。

综合以上的研究结果，本书认为：目前我国机构股东参与公司治理仍处于初级阶段，但机构股东越来越倾向于高调扮演“积极投资者”的角色已是不争的事实，且机构股东对公司治理的影响是积极的。这种积极意义主要表现在以下三个方面：首先，在一定程度上抑制了公司管理层权力的滥用。虽然这种抑制实效的发挥需要外部机制的健全与完善，但机构投资者确实是一种重要的制衡力量，是对公司“内部人控制”的一种控制；其次，在一定程度上改善了上市公司的治理结构，提升了上市公司的整体业绩；再次，推动了公司治理运动的发展，提高了上市公司的公司治理整体水平。当然，在本书的研究中也发现了机构股东与控股大股东合谋损害中小股东利益的证据。所以，我们应辩证地看待机构投资者与公司治理的关系，既要肯定机构投资者的积极作用，又不能盲目地把机构投资者参与公司治理的效果扩大化、绝对化。应通过政策面积极倡导机构投资者“参与”公司治理，但不能让其“控制”公司。在股东大会“一言堂”的今天让中小股东能够听到机构投资者积极的声音，让公司经营者感受到另一种重要的外在制衡力量，让机构投资者在参与公司治理中发掘公司新的投资价值，使其成为保护中小股东的利益的有力使者。

目录

第一章 绪 论

第一节 问题的提出与研究意义

自从 1932 年 Berle & Means 明确提出因公司的两权分离而导致经理层侵害股东利益的代理问题后，公司治理问题一直是各国学者关注的焦点。尤其是在 20 世纪初美国安然、世通公司的轰然坍塌，2004 年中航油石油期货投资 5.5 亿美元的巨额亏损以及中国资本市场格林柯尔系和德隆系的全面崩盘之后，理论界与实务界人士更是从不同的角度研究了该问题，研究成果可谓百家争鸣、百花齐放。

20世纪80年代以后，西方国家机构投资者迅速发展[①]，机构投资者的持股比率不断攀升，导致的直接后果是增加了其移动“华尔街之脚”的成本，当公司治理危机出现时，机构投资者逐渐抛弃了“用脚投票”的应对策略，转而采用“用手投票”的投资策略——通过发送解释函、行使股东投票权、提交股东议案、曝光劣迹公司甚至直接进入董事会的方式积极参与公司治理，并在公司治理过程中发挥了重要的作用。这一现象被称为“机构股东积极主义”。机构股东积极主义的出现标志着现代公司治理的模式正由经理人主导的伯利—米恩斯模式转变为机构投资者主导的21世纪模式。

1999年初，在我国证监会“超常规、创造性地培养与发展机构投资者”的政策扶持下，以证券投资基金、券商、社保基金为主的机构投资者迅速成长[②]，尤其是在股权分置

① 美国机构投资者（退休基金、共同基金、捐赠基金、基金会和保险公司）的持股比率由1950年的6.1%飞跃到2004年的51%，在某些公司甚至达到70%。英国机构投资者的持股比率在2004年达到80%，其中保险公司持有17.2%，养老基金持有15.7%，海外投资持有32.6%（ONS，2004）。

② 1998年以来，我国机构投资者的增长速度为个人投资者的3倍以上。投资基金和证券公司、信托投资公司为代表的机构投资者群体正在日益成为我国证券市场的主导力量。

改革顺利完成之后，机构投资者的入市规模急剧扩大[①]，其持股比率的不断增加逐渐改变了我国上市公司“一股独大”的股权结构，影响了公司的治理模式。人们不禁要问：我国机构投资者能否成为国有股退出的有效补充？能否在公司治理中发挥积极股东作用？能否有效地保护中小股东利益？2002 年胜利股份表决权的争夺、2003 年中兴通讯 H 股、招行可转债的发行失败以及 2005 年万科地产公司章程修改、神火股份可转债发行风波等一系列事件让我们看到了机构股东“话语权”的力量与机构股东积极行动的证据。2006 年，中国证监会在《上市公司治理准则》中更明确提出“机构投资者应在公司董事选任、经营者激励与监督、公司重大决策事项等方面发挥作用”。由上可看出：我国的机构投资者已经在公司治理的舞台上“粉墨登场”。然而，我国学者目前对于机构投资者的研究主要集中在其证券市场的功能上，对于其在公司治理中的作用发挥的研究较少，且主要集中在实证

① 中国登记结算公司公布的 2007 年上半年的统计数据显示：截至 6 月末，以基金、QFII、保险公司、社保等为代表的机构资金的入市规模已达 24 112.97 亿元，占流通市值的 43.39%。

研究[①]上，相关理论研究[②]更是少之又少。集中的股权结构导致公司治理问题在我国主要表现为控股大股东通过各种方式侵害中小股东的利益，即第二类委托—代理问题是我国公司治理的最大问题。因此，本书首先基于博弈论的视角探讨了机构投资者在第二类委托—代理问题中的作用机理，为机构投资者参与公司治理奠定理论基础。其次，在股权分置改革的背景下，机构投资者逐渐成为国有股、法人股退出的有效补充，机构投资者的“入主”能否形成对控股大股东的有效制衡？能否提高公司绩效，保护中小股东利益？本书通过相关案例以及数据的实证检验来回答这

---

① 娄伟（2002）采用1998—2000年间的数据检验了基金持股与公司绩效之间的关系，发现基金持股比率与托宾Q值显著正相关，他猜测可能是基金参与了公司治理并改善了公司绩效；王琨和肖星（2005）以2002年的上市公司为样本检验了机构投资者（证券公司和证券投资基金）持股与关联方资金占用之间的关系，结果发现上市公司的前十大股东中机构投资者的存在及其持股比率的增加都会显著降低上市公司因关联交易而产生的资产和资产负债净值，由此认为我国机构投资者已经在一定程度上参与了公司的经营治理活动；罗栋梁（2007）以2000—2005年机构股东持股的上市公司为研究对象，研究了机构投资者参与公司治理的行为以及机构投资者参与下上市公司的行为反应，结果发现机构投资者对上市公司的筹资行为、信息披露行为以及盈余管理行为都有重大影响。

② 李青原（2003）通过对机构投资者积极参与公司治理的数理模型的分析，认为机构投资者参与公司治理的条件是：机构投资者的持股比率、监督成本和风险偏好。王奇波（2006）通过构造一个数理模型用以说明，如果将机构投资者引入上市公司控制权竞争中，形成制衡的股权结构，就会降低大股东的控制权私人收益，改善上市公司的治理状况。罗栋梁（2007）提出了机构股东参与公司治理的股权竞争理论。

些问题，通过对这些问题的研究与验证能够加深对机构股东参与治理功能的理解，让机构投资者在重视自身的专业理财人身份的同时更注重公司股东的身份，培养机构股东保护中小投资者利益的责任感，同时为政策制定以及机构股东参与公司治理的实践提供一些参考意见。

第二节 研究思路与研究内容

本书在股权分置改革的大背景下，探讨机构股东在第二类委托—代理问题中的作用机理、参与公司治理的现状以及参与治理的效率。在此研究思路下，本书首先归纳与评述了国内外机构股东参与公司治理的相关文献，接着基于博弈论的视角探讨了机构股东在第二类委托—代理问题中的作用机理，最后通过典型案例与数据，对机构股东参与治理的作用实效进行了实证检验。具体的研究内容包括：

1. 文献回顾与理论基础

本部分首先总结了机构股东参与公司治理的四大理论假说，即有效监督假说（effective-monitor hypothesis）、利益冲突假说（conflict-of-interest hypothesis）、战略同盟假说（strategic-alliance hypothesis）以及无效监督假说（Ineffective-moniter hypothesis），其次从机构股东对公司经营策略与决策的影响、对公司治理机制的影响以及对公司价值的影响三个方面评述了现有的实证研究文献，由于验证模型的设计、研究样本的选择、计量方法的运用以及代理变量的设定等多方面的原因，实证检验结果千差万别，目前还没有统一的定论。最后在清楚界定公司治理内涵的基础上，重点分析公司治理理论中的委托—代理理论，并在委托—代理理论的分析框架下探讨了公司治理的内外部治理机制，同时评述了委托—代理理论的拓展理论——双层委托—代理理论的分析框架，为下文的研究奠定相关的文献与理论基础。

2. 机构股东参与公司治理的博弈分析

“一股独大”是我国公有制经济体制改革遗留下的特有现象，它导致的直接后果是我国存在严重的大股东侵害中小股东利益的第二类委托—代理问题，因此，目前我国公司治理研究应主要集中在抑制大股东的“掏空”行为上。本部分在充分分析我国所有权结构以及大股东对中小股东利益侵害程度的基础上，基于机构股东积极主义的视角，通过构建机构股东与大股东“掏空”行为的不完全信息静态博弈模型，探讨了机构股东在公司治理的第二类委托—

代理问题中的作用机理，模型的贝叶斯均衡解显示：机构股东是否采取监督策略取决于其判断公司治理状况好坏的概率，机构股东持股比率越高、持股时间越长，越倾向于选择监督策略。机构股东监督是法制监督的补充机制，其有效性的发挥依赖于法律制度与监管制度的健全与完善。

3. 机构股东积极行动的制度背景及案例研究

对我国机构投资者参与公司治理的制度背景的分析，有利于更深入地研究我国机构投资者的行为特征，因此，本部分首先分析了证券投资基金、保险基金、社保基金、券商以及 QFII 的发展轨迹及其参与公司治理的制度变迁。其次在分类表决制的实行以及股权分置改革的大背景下，主要运用事件研究法（*CAR*）研究了我国机构股东积极行动的典型案例——神火股份可转债发行与万科地产公司章程修改案，同时通过对清华同方、金牛能源股改案例的比较研究了机构股东在股改中的作用。通过以上案例的剖析，本书认为：目前我国机构股东参与公司治理仍处于初级阶段，但机构股东越来越倾向于高调扮演“积极投资者”的角色已是不争的事实，我国的机构股东已经通过行使股东投票权、提交股东议案的方式影响公司重大的筹资与投资决策，在公司治理中发挥了一定的作用。同时机构股东参与公司治理的内外部制度缺失、自身的代理问题、相关法律法规的限制以及与管理层的合谋是目前制约我国机构股东发挥积极作用的主要障碍。

4. 机构股东对高管薪酬机制影响的实证检验

本部分以机构股东持股总和超过5%的制造业上市公司为样本，研究了2005—2007年制造业机构股东对高管薪酬总额以及业绩—薪酬敏感度的影响。分年度实证检验结果显示：2005—2006年机构股东持股比率与高管薪酬总额之间存在显著的正相关关系，而2007年机构股东持股比率与高管薪酬之间无显著的相关关系，2005—2007年机构股东持股比率与高管业绩—薪酬敏感度之间无显著的相关关系。以上实证结果说明：目前我国的机构股东对高管薪酬水平以及薪酬结构没有影响，机构股东在高管薪酬机制中没有发挥积极的监督作用，但很重视高管薪酬激励的效果，并通过“用脚投票”的方式表达了对高管过度激励的不满。同时运用Logit模型考察了机构股东持股比率与上市公司是否实行股票期权激励之间的关系，检验结果表明：基于股权激励能够提升公司价值的理念，机构股东积极支持上市公司实行股权激励机制，机构股东的存在能显著地提高上市公司实行股权激励的概率。

5. 机构股东对公司价值的影响的实证研究

机构股东通过“用手投票”和“用脚投票”的方式，影响公司的内外部治理机制，从而最终影响公司的价值。本部分以托宾 Q 值作为公司价值的代理变量，考察了2005—2007年机构股东持股对制造业公司价值的影响，考虑到机构股东持股的内生性，在以流通A股占总股本的比率以及上市公司是否属于沪深300成分股作为机构股东持股的工具变量的情况下，对机构股东持股与公司价值进行了2SLS回归，实证的结果显示：机构股东持股比率与公司价值存在显著的正相关关系，机构股东的存在能够提升公司的价值。一方面，机构投资者作为一个投资团体，有非常大的盈利压力，本身就具备推动上市公司经营业绩、提升公司股票价格的巨大动力。另一方面，作为公司较大股东的机构投资者可以通过“用手投票”与“用脚投票”的方式行使股东权利，影响公司的经营决策与经营战略，机构股东的积极监督增加了公司的价值。

第三节 研究方法与框架结构

本书从理论与实证两个方面对我国机构股东在公司治

理中发挥的作用以及参与治理的效率进行了研究，在理论研究方面主要利用委托—代理理论的分析框架，基于博弈论的视角，通过构建机构股东与控股大股东“掏空”行为的不完全信息静态博弈模型，分析了机构股东在解决第二类委托—代理问题中的作用机理以及发挥作用的前提条件；在实证研究方面首先主要利用事件研究法着重分析了机构股东积极行动的三个典型案例，其次利用多元回归模型以及 Logit 模型检验了我国机构股东对高管薪酬以及公司价值的影响。按照以上的研究思路，本书的研究思路框架如图 1－1 所示：

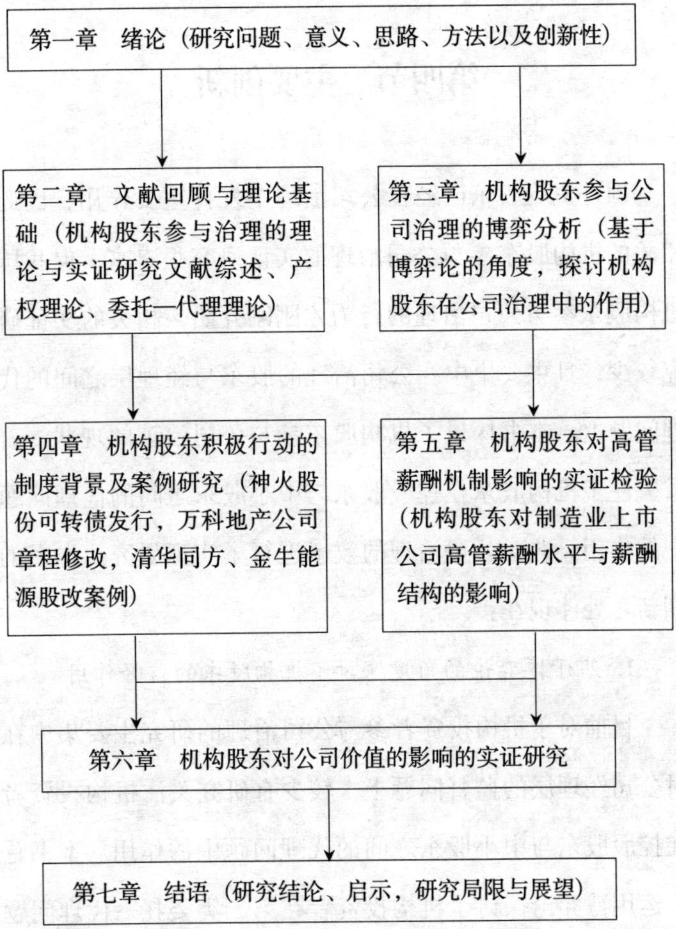

图1－1 本书的研究思路框架图

第四节　主要创新

国外机构股东已经在公司治理中发挥重要作用，因此相关的机构股东参与公司治理的实证研究很丰富，但我国机构股东参与公司治理的行为才刚刚开始，相关的实证研究较少，且主要集中在公司治理的股东与经理层之间的代理问题上。本书探讨了机构股东参与公司治理的现状，着重关注了机构股东在控股股东与中小股东之间的代理问题中的作用，并对公司治理的效率进行了实证研究。本书的创新之处体现在：

1. 基于博弈论的角度探讨了机构股东的监督作用

目前对于机构投资者参与公司治理的研究主要集中在对公司经理层的监督问题上，较少有研究关注机构投资者在控股股东与中小股东之间的代理问题中的作用。本书首次运用博弈论探讨了机构投资者在第二类委托—代理问题中的作用机理，通过构建机构投资者与控股大股东“掏空”行为的不完全信息静态博弈模型，在对模型的推导与分析基础上发现，机构股东是否采取监督策略取决于其判断公司治理状况好坏的概率，机构股东持股比率越高、持股时间越长，越倾向于选择监督策略。机构股东监督是法制监督的补充机制，其监督有效性的发挥依赖于法律制度与监管制度的健全与完善。

2. 首次对机构股东行动的案例进行分析

神火股份可转债发行、万科地产公司章程修改以及清华同方、金牛能源股改是机构股东行动的典型案例，本书主要运用事件研究法以及案例比较法首次对这三个案例进行了深入的分析，通过研究比较，本书认为：目前我国机构股东参与公司治理仍处于初级阶段，但已经开始高调扮演“积极投资者”的角色，我国的机构股东已经通过行使股东投票权、提交股东议案等方式影响公司重大的筹资与投资决策，在公司治理中发挥了一定的作用。但机构股东与控股股东之间的合谋现象在一定程度上阻碍了其积极作用的发挥。

3. 通过 Logit 模型探讨了股权激励中机构股东的作用

股权分置改革顺利完成后，为了长期激励公司的高管，上市公司陆续推出了股权激励计划，但机构股东的存在是否对股权激励计划有促进作用？本书首次利用 2006 年实行股权激励的制造业企业的相关数据，通过 Logit 模型探讨了机构股东对股权激励机制的影响，实证结果表明：基于股权激励能够提升公司价值的理念，机构投资者的存在能够显著提高上市公司实行股权激励的概率。

第二章　文献回顾与理论基础

本章对机构股东参与公司治理的国内外研究现状以及相关理论进行了综述与评价。首先总结了机构股东参与公司治理的理论研究文献，重点剖析了有效监督假说、利益冲突假说、战略同盟假说以及无效监督假说四大理论假说。其次从机构股东对公司经营决策和经营战略的影响、对公司治理机制的影响以及对公司价值的影响三个方面评述了现有的实证研究文献，并分析了现有研究的不足。最后阐述了公司治理的相关理论，重点分析了委托—代理理论及该理论框架下的公司治理机制，为下文的研究奠定文献基础与理论基础。

第一节　机构股东参与公司治理的理论研究

一、机构股东与公司治理的关系

机构股东在公司治理中是否能发挥作用？国外学者主要提出了积极监督者假说（the active monitor hypothesis）和短暂投资者假说（the transient investor hypothesis）。积极监督者假说认为：随着机构股东持股比率的不断提高，当被投资公司经营状况恶化时，他们移动“华尔街之脚”的成本越来越高，且出于承接盘的限制以及重新选择股票的额外成本的考虑，机构股东被迫放弃短期交易转而通过各种方式积极参与公司治理，谋求公司的长期投资价值（Holderness & Sheehan，1988；Hiskisson，Johnson & Moesel，1994；Pound ，1988；Fortune，1993；Gilson & Kraakman，1991；Useem ，1996）。短暂投资者假说认为：由于机构投资者自身的代理问题，机构投资经理的业绩考核是基于每个季度或至多是每个年度的，为实现自身利益最大化，其具有短视倾向，没有精力去考虑投资决策的长远利益，当所投资公司的治理状况和经营业绩恶化时，为保持资产的流动性，一般会采用“用脚投票”的消极方式出售手中持有的股票，而不会积极地参与公司治理（Business Week，1984；Drucker，1986；Mitroff，1987；Graves & Waddock，1994；Fortune，1993）。

机构股东参与公司治理的效率如何？目前国外理论界还没有形成统一的观点，主要提出了有效监督假说（effective-monitor hypothesis）、利益冲突假说（conflict-of-interest hypothesis）、战略同盟假说（strategic-alliance hypothesis）以及无效监督假说（ineffective-monitor hypothesis）。有效监督假说认为机构股东的积极行为可以强化企业的内部监督机制，能够减少股东与管理者之间的代理成本，因此能够增加公司的价值（Huddart，1993；Maug，1998；Noe，2002）。利益冲突假说认为机构股东（银行、保险公司）由于存在与被投资公司之间的业务关系，其本身并不独立，可能会干扰管理者的正常工作（Pound，1988；Coffee，1991）。战略同盟假说认为当机构股东和高管之间存在利益冲突时，机构股东与高管有合谋倾向，他们之间的互利行为降低了机构股东监督对公司价值增加的效用（Jayne Barnard，1992；Robert Webb，2003）。无效监督假说认为机构股东不会对公司进行有效的监督，机构股东的参与对公司没有显著的影响（Pound，1988）。

二、机构股东参与公司治理的因素

机构投资者的资金实力、信息优势、专业知识、监督成本的规模性、监督收益的私有性以及公司管理层的重视等原因使之可以在公司治理中发挥一定的作用，但机构投资者又由于本身的委托—代理问题、资金流动性成本以及与上市公司存在的利益联系等原因阻碍其在公司治理中作用的发挥。影响机构股东参与公司治理的因素主要有：

1. 机构投资者的类型

机构投资者的异质性是影响其是否参与公司治理的主要因素。Brickley et al. （1988） 提出，不同机构投资者参与公司治理的激励不同。根据机构投资者投资目标、行为方式和对风险敏感度的不同，机构投资者可以分为压力敏感型、压力抵抗型和压力不确定型。压力敏感型（银行、保险公司）由于与被投资公司有着直接的利益关系，不大可能发挥有效的监督作用，如他们基本不会反对管理层提出的有损中小股东利益的反收购补充协议。而压力抵抗型（养老基金、共同基金）由于本身的独立性以及投资的长期性，会积极地参与公司治理。Hirschman（1997）提出当机构投资者不满被投资公司的业绩时，机构股东有三种策略可以选择——放弃、抱怨或忠诚，而机构投资者的投资目标、风格与偏好的差异会导致其策略选择的不同。Brian（1998）依据机构投资者过去交易行为的不同，将机构投资者分为暂时（transient）、专注（dedicated）和准指数化（quasi-indexer）三种类型，暂时的机构投资者会促进管理者的“短视”倾向，而复杂与准指数化的机构投资者可以有效抑制管理层的短期行为。

2. 参与治理的净收益

机构投资者是专业的理性的投资机构，只有当参与公司治理的收益大于成本时，他们才会积极行动。机构投资者参与治理的收益主要体现为公司治理状况的改善而导致资本市场股票价格的上涨所带来的收益。其次，机构投资者投资业绩的改善能够吸引更多的中小投资者，树立良好的职业口碑。机构投资者参与公司治理的成本主要有：①搜集信息的成本。如掌握目标公司的公司治理情况、收集管理者行为是否符合股东利益的信息、分析公司的财务状况与经营状况、聘请咨询人员等。②参与公司治理活动的成本。如参加股东大会，公开提名外部独立董事，与董事会进行沟通等日常治理业务的成本、定期公布治理不善的公司名单，递交股东提案，进行委托投票权争夺，甚至是进行直接诉讼的成本、聘用独立咨询公司向业绩不良的公司提供咨询指导的治理建议的成本。SEC 的一组问卷调查显示：若机构股东采用提交股东议案的方式积极行动，则在 1997 年，机构投资者花费在一份股东议案上的印刷、分发和制表等方面的平均成本为 5 万美元，而决定一份议案是否提交的成本为 3.7 万美元。如果要投反对票，则花费更高，一年可能就需要 10 万美元（Romano，2001）。③机会成本。如机构投资者的积极行动而招致公司报复的成本，包括反对目标公司过分冒进的扩张计划、管理层过高的薪资报酬、向公司董事会及管理层施加压力，影响公司的经营策略；机构投资者采取的积极行动可能传递对公司不利的信息而引起目标公司股价下跌的成本；机构投资者参与公司治理导致投资流动性降低的成本（Coffee，1991；Bhide，1994；Mauge，1998）。因此，机构投资者参与公司治理的规模成本很高，只有当机构投资者持股比率不断提高、持股时间不断加长时，其参与公司治理的规模收益才会越来越大，同时治理成本越来越小，这时参与公司治理才能得到正的净收益。

3. 法制环境的影响

机构投资者的积极行为离不开法律法规的支持，法制环境的差异也是导致各个国家机构投资者在公司治理中发挥不同作用的重要因素。比如，美国是机构投资者发展最为成熟的国家，但在发展初期，机构投资者曾长期遵循“华尔街准则”——当公司经营善恶劣导致股价下跌时，一卖了之，并不热衷参与公司治理，这与美国相关法律法规的限制有关。如美国1974年通过的《雇员退休收入保障法》（ERISA）规定：养老基金不得将10%以上的资产投向缴纳养老金的公司；为降低投资风险，基金投资资产应该分散化、多样化，若基金试图控制工业企业则将丧失免税优惠。其1976年通过的《Hart-Scott-Rodino反垄断改进法》规定：任何一个公司在另一公司进行积极性投资，必须向公平局和联邦交易委员会作出说明（Blair，1996）。20世纪90年代以后，美国限制机构投资者的政策法规开始松动，美国劳工部要求原来被《雇员退休收入保障法》所约束的养老基金应该行使代理投票权，积极参与公司治理（汪忠、孙耀吾，2005）。1991年，SEC修改相关规则，方便股东更易在投票中形成对经理人有所约束的决议。1992年，SEC更推出两项针对机构投资者积极行动的措施：放宽代理投票权征集的限制以及要求上市公司向股东披露更详细的信息。美国不少地方政府还通过了对股东提案行为进行补偿的软法，如设置股东提案的最低支持率门槛，在该支持率以下的股东提案不予补偿或让补偿额随股东提案支持率的提高而提高（Liebeler，1985；Bebchuk & Kahan，1990）。在一系列法律法规的支持下，现在的美国机构投资者成为全世界最积极的投资者。

三、机构股东参与公司治理的途径与方式

机构投资者的本质属性是决策人，根本目标是实现委托人的投资收益最大化。机构投资者不可能具有被投资公司管理人在实业方面的经验与能力。因此，机构投资者参与公司治理所介入的不是具体的决策内容，而是公司内部运作机制以及公司战略决策机制（Blair，1996）。机构投资者主要通过干涉公司权力结构、筹资策略以及管理者薪酬机制来参与公司治理。汪忠、孙耀吾和龚红（2005）将机构投资者对规范董事会的要求概括为以下几点：①聘任非执行董事；②解聘执行三年以上的执行董事；③对于中断合同的董事的赔偿限制；④建立薪酬委员会；⑤内部审计在审核决策疏漏和欺诈方面的作用；⑥对新聘执行董事的

培训；⑦故意散布误导性消息的董事要为其行为承担责任；⑧分开任命董事会主席与首席执行官；⑨对执行董事薪酬的限制。

随着机构投资者介入公司治理的深入，机构投资者的介入方式也由最初的发送解释函、私下协商、行使投票权逐步发展到公开建议、曝光劣迹公司、征集委托—代理权、提交股东议案、机构股东联合、提起股东诉讼，甚至直接进入董事会影响公司的经营决策与策略。其中，给公司高管人员发送解释函是机构投资者参与治理所付出的成本最低的一种方式，而且由于其避免了与公司的直接冲突，公司的高管一般会接受相关的建议。与高管人员的私下协商方式常常会使已经提交的股东议案不需进入投票阶段，如1998年，CII会员提出的议案就有40%在私下协商情况下被撤回。1988—1994年，CalPERS就成功地与72%的进入治理目标的公司达成一致意见（Smith，1996）。积极的养老基金往往会采用提交股东议案的方式介入公司治理，如CalPERS、Calstrs、Colpera、NYC、PSERS等全美最大的九家养老基金在1987—1993年间对146家公司总共提出了356项股东议案，这些议案的内容涉及董事会构成、董事长与CEO的分离、董事薪酬、“金色降落伞”、“绿邮计划”、“毒丸计划”、兼并收购等各个方面，其中养老基金提出的有关改变公司治理结构的议案有 40% 被高管接受（Wahal，1996）。

四、国内相关理论研究

国内关于机构股东参与公司治理的理论研究较少，李青原（2003）通过对机构投资者积极参与公司治理的数理模型的分析，认为机构投资者参与公司治理的因素有：机构投资者的持股比率、监督成本和风险偏好；郎维群（2003）分析了影响机构投资者积极监督的内、外部因素，研究了机构投资者监督的方式、领域和有效性，并对我国机构投资者的积极监督作用的发挥提出了建议。万俊毅（2006）认为机构投资者的主要职能是进行投资决策，基于决策人本质属性的角度，他运用数理模型分析了当机构投资者面临的投资约束条件发生变化时，机构股东如何选择直接出售、消极持有或积极行动这三种策略，分析显示：虽然在一定条件下“用脚投票”是机构股东的可行策略之一，但这种策略的功效有限；当机构股东所持股份被套牢且参与公司治理的收益小于治理成本时，机构股东会选择“无为而治”的策略；随着机构股东持股比率的增加，机构股东参与公司治理的股数效应与公司数效应充分发挥，此时机构股东会积极地参与公司治理；王奇波（2006）通过构造一个数理模型说明，如果将机构投资者引入上市公司控制权竞争中，形成制衡的股权结构，就会降低大股东的控制权私人收益，改善上市公司的治理状况。罗栋梁（2007）提出了机构股东参与公司治理的股权竞争理论，他认为机构股东持股量位于中小股东和控股股东之间，机构股东较之中小股东所具备的资金、信息与专业优势能够克服中小股东的“搭便车”问题，同时机构股东的主要目标是谋求受托资产投资收益的最大化，并不想实际控制所投资的公司，因此也不会由于股权过度集中而发生控股大股东的“掏空”行为。机构股东克服了股权分散与股权集中的缺点，形成公司治理的特殊力量。机构股东参与公司治理是分散股权和集中股权两种股权长期市场竞争的结果。

第二节　机构股东参与公司治理的实证研究

机构股东参与公司治理的治理效率如何？积极监督者假说认为，机构股东通过各种积极行为能够影响公司的经营决策，机构监督能够有效地减少股东与经理人之间的代理成本，机构股东的存在能够提高公司价值；短暂投资者假说认为，机构股东自身的代理问题以及频繁的考核体制导致其具有短视特性，只注重公司的短期收益而忽视公司的长期价值，机构股东的存在对公司的价值没有提升作用。对于以上两大对立的假说，学者们主要从机构股东对公司经营决策和经营战略的影响、对公司治理机制的影响以及对公司价值的影响三个方面进行了实证研究，实证检验的结果是混合的。

一、机构股东对公司经营决策和经营战略的影响

机构股东持股比率的增加导致其通过股票市场的买卖行为影响公司股价变动的能力不断增强，公司管理层为了吸引外部投资者以及保持公司股价的稳定，在制定公司的经营决策和经营战略时不可能无视机构股东的意见（Rajeswararao & Fariborz，1991），机构股东的话语权越来越受到重视。积极监督者假说认为机构股东的存在可以促进公司管理者的长期投资行为，而短暂投资者假说认为机构股东的存在会加重公司管理层的“短视”行为。相关的实证研究主要集中在机构股东对公司盈余管理行为、R & D

费用、股利政策、兼并决策的影响上。

1. 机构股东与公司盈余管理行为

Bushee（2001）发现短暂机构股东尤其看重公司的近期经营利润，这导致公司价值的错误估计——公司的现行价值存在高估而远期价值可能低估。短暂机构股东的近利偏好会激发公司管理者利用盈余管理提高公司当前利润的动机（Graves & Waddock，1990；Porter，1992；Tomasic & Bottomley，1993；Stapledon，1996）。相对于以上的结果，Rajgopal & Venkatachalam（1998）发现机构股东持股与公司为增加利润而使用的主观应计项目的减少有关。其后Cheng & Reitenga（2002）更是发现当公司管理层为各种目的而企图利用主观应计项目来增加利润时，机构股东的积极行为确实能有效抑制这种行为。Chung et al.（2002）；Jiambalvo et al.（2002）的研究也都证实了机构股东的存在能够减少高管的盈余管理行为。

不同于以上的研究，Ping-Sheng（2003）在研究澳大利亚的机构股东与公司盈余管理行为时，并没有完全割裂短暂投资者假说与积极监督者假说，从而发现了机构股东持股与公司盈余管理之间的非线性关系——当机构股东持股比率较低时，机构股东持股与公司增加利润的主观应计项目有正向关系，而当机构股东持股比率较高时，两者之间呈现反向的关系。因此，只有当机构股东持股达到一定比率时，机构股东才能积极行动从而有效抑制公司的盈余管理行为。

2. 机构股东与 R&D 费用

Brian（1998）在将机构投资者分为暂时（transient）、专注（dedicated）和准指数化（quasi-indexer）三种类型的基础上，通过检验 1983—1994 年间 13 944 家美国上市公司的机构股东持股与 R&D 费用支出之间的关系发现：暂时型机构投资者由于追求短期收益最大化会助长公司经理的 R&D 费用投资的短视化，而当专注型或准指数化型机构投资者拥有公司的大量股权时，能够有效抑制公司经理的 R&D 费用短视化的行为。Hansen & Hill（1991）的研究证实机构股东能够促进公司对 R&D 费用的投入。但 Graves（1988）发现，在计算机制造行业机构股东对公司的研发支出有消极的作用。

3. 机构股东与公司股利政策

西方学者主要从代理成本、信号传递和税收差异三个角度提出了机构股东对公司股利政策的影响。“自由现金流”理论（Jensen，1986）提出：一个企业的自由现金流越多，经理层由于控制过量的现金流权而面临的道德风险越高。增发股利是减少经理层可拥有的现金流权从而降低代理成本的一种有效途径。Eckbo&Verma（1994）认为，如果机构股东能在公司治理中发挥积极的监督作用，那机构投资者能够促使拥有高自由现金流的公司多派发股利，从而减少自由现金流所引起的代理成本。因此机构股东持股量与现金流富裕的公司股利派发之间存在正向的关系。Zeckhauser & Pound（1990）提出公司的股利政策可以传达管理层对公司未来前景的信心的信号，而大的机构股东的持股也显示了机构对公司前景的信心，机构股东持股与公司股利政策是相互替代的信号传递机制，因此机构股东持股与公司股利的派发之间应存在消极的关系。Short, Zhang & Keasey（2002）认为导致英国公司较之美国、日本等国高红利发放的原因是英国税收的转税制。红利税与资本利得税之间的税率差异导致低税率的机构股东或免税的养老基金更偏好公司发放高额股利。机构股东与公司股利政策之间的关系往往被忽略，因此相关的实证研究比较少。如 Eckbo & Verma（1994）发现加拿大的公司的股利分配随着机构股东投票权的增加而显著增加，随着管理者投票权的增加而显著减少。Moh'd et al.（1995）找到了机构股东持股与股利分配之间显著的积极关系的证据。Short，Zhang & Keasey（2002）在运用 Lintner（1956）、Waud（1996）、Fama（1968）和 Babiak（1968）提出的股利支付模型的基础上，首次检验了英国上市公司的机构股东持股与公司股利政策之间的关系，四个模型下的实证结果均表明机构股东的存在确实可以促使公司多发放股利。但 Zeckhauser & Pound（1990）的研究却没有找到机构股东可以影响公司股利政策的证据。

4. 机构股东与公司兼并决策

在公司遭受兼并收购时，为保持公司的控制权、维护自身的利益，管理层往往会实施一系列反接管措施，如“绿邮计划”、“金色降落伞”、“皇冠上的珍珠”、“焦土政策”等，而这些措施的实施有时会严重损害股东的利益。同时公司管理层可能出于降低公司风险（Amihud & Lev，1981）、维持自由现金流的控制权（Jensen，1988）和增强自身声誉（Morck et al.，1990）等一系列违背股东利益的目的大肆进行兼并收购，大大增加了代理成本。Pound（1988）发现在公司控制权争夺中机构投资者的存在有利于减少“管理壕沟”问题。Kosnik（1987）考察了 1979—1983 年间 110 家上市公司在反兼并收购中实施“绿邮计划”

的情况，结果发现机构股东对于公司董事会抵制“绿邮计划”的实施从而保护股东利益有着积极的推动作用。其后 Brickley et al.（1988）、Agrawal & Mandelker（1990）也发现了在反兼并收购协议中机构投资者的积极作用。

二、机构股东对公司治理机制的影响

公司治理机制是公司所有者激励与监督经营者、合理配置资源、降低代理成本，从而确保股东及利益相关者的权益的一系列制度安排。公司治理机制主要有内部机制（股权结构、高管薪酬设计、董事会组成、信息披露及透明度等）和外部机制（控制权市场、经理人市场、产品市场、公司治理法规及准则等）两种形式。作为外部治理机制的机构股东监督对公司的内部治理机制有何影响？学者们主要从高管人员薪酬、公司信息披露以及公司社会责任三方面来研究这一问题。

1. 机构股东与高管人员薪酬

所有权结构会影响 CEO 的薪酬计划，通常所有者控制的公司（至少有一个股东的持股量达到公司股权的 5%）的 CEO 的薪酬比管理者控制的公司的 CEO 薪酬水平要低（Dyl，1988；Hambrick & Finkelstein，1995）。机构股东持股比率的提高加强了他们对 CEO 薪酬影响的能力，即使单个机构股东的持股量较少，但机构股东之间联合的力量足以与公司管理者的权力相抗衡（Davis & Thompson，1994）。机构股东对管理者薪酬的影响主要体现在两个方面，即对薪酬水平以及薪酬结构的影响。Mangel & Singh（1993）考察了美国最大的 100 家上市公司中机构股东持股对 CEO 薪酬的影响，在控制了公司规模、CEO 任期、CEO 与董事会关系、外部股东持股比率、公司绩效等变量后，他发现机构股东持股与 CEO 薪酬之间存在显著的负相关关系，但没有发现所有者控制的公司对 CEO 薪酬的抑制效用。Mangel & Singh 的研究使用横截面数据对机构的作用进行研究，没有考虑机构股东持股的变化对 CEO 薪酬的动态影响，有一定的局限性。不同于 Mangel & Singh（1993）的研究，Dong & Ozkan（2008）不仅考察了英国上市公司机构股东持股对高管薪酬总额的影响，还检验了机构股东持股对高管薪酬与公司业绩之间的联动关系的影响。在将机构投资者按照投资组合的年换手率分为暂时机构投资者与缜密机构投资者的基础上，他们发现暂时机构投资者无论对高管薪酬总额还是对高管薪酬与公司业绩的联动性均没有影响，而缜密机构投资者能够抑制高管的薪酬水平，同时也能加强薪酬—业绩联动性。总的机构股东持股水平与以上两者也均没有关系。Hartzell & Starks（2003）发现美国上市公司高管人员薪酬—业绩的敏感度随机构股东持股的增加而增加。

2. 机构股东与公司信息披露

机构股东是专业的代理投资机构，较之中小股东在人才、专业与资金方面有着无可比拟的优势，他们更容易获取公司的私有信息，同时更能充分利用公司的财务信息进行投资评价，机构股东对信息的利用迫使公司披露更加充分的信息（Bushee，1998；Rajgopal & Venkatachalam，1998；Majumdar & Nagarajan，1997）。机构的存在不仅提高了公司信息披露的充分性，而且还提高了信息披露的质量。在利用信息的预测与反馈价值、相关性、及时性以及可靠性四个指标作为盈余信息质量的代理变量的基础上，Uma & David S.（2006）发现机构股东持股能够提高上市公司盈余信息质量，但股权的集中却阻碍了信息质量的提高，这可能是由于大股东倾向于获得控制权私人收益，从而影响了盈余信息的质量。

3. 机构股东与公司社会责任

Turban & Greening（1997）提出机构股东投资数量的

逐步增加使他们更加重视从产品质量的长期维持、自然环境的保护以及与利益相关者及雇员之间的良性互动中获得的公司长期价值。因此，机构股东能够促使公司更好地履行社会责任。目前虽然对于公司社会责任的具体内容还没有达成统一的认识（Carroll，1991），但在公司社会责任相关的研究中主要使用公司与社区的关系、公司对待妇女和少数民族的态度、雇员关系、自然环境保护以及产品与服务的质量五个指标来衡量公司的社会责任（Graves & Waddock，1994；Turban & Greening，1997）。在运用以上衡量指标的基础上，Richard A. & Daniel W.（1999）的研究部分支持了 Turban & Greening 的观点，但不同类型的机构股东由于投资目标以及偏好的差异，其对公司社会责任的影响也不一样，他们发现养老基金能够促进公司社会责任的履行，但共同基金和投行基金由于基金经理业绩考核的短期性而与公司社会责任的履行没有直接的关系。

三、机构股东对公司价值的影响

机构投资者的不断壮大增加了“用脚投票”的成本和“用手投票”的收益，当公司经营业绩恶化时，机构投资者越来越倾向于积极行动，机构投资者通过各种方式对公司的经营决策和经营战略进行直接或间接的影响，最终可能会提升公司的价值（Chaganti & Damanpour，1991；Pound，1991）。但 pound（1988）认为机构投资者为了最大化投资收益而存在与公司高管合谋的动机，这会损害公司的价值。许多学者以托宾 Q 值作为公司价值的代理变量，对机构股东持股与公司价值之间的关系进行了实证研究，但研究的结论却大相径庭。

Chaganti & Damanpour（1991）以 1983—1985 年美国制造行业的 80 家上市公司为样本，发现 *ROE* 与机构股东持股显著正相关，同时机构股东持股也有利于降低公司的长期资产负债比率，这表明机构股东的监督与债权人的监督之间有一定的替代关系。Agrawal & Knoeber（1996）利用简化的 Q 值检验了减少股东与经理之间代理成本的七种治理机制的治理效果，发现机构投资者监督是减少代理成本、增加公司价值的一项重要的治理机制。不同于以上的研究，Clay（2001）在考虑机构股东持股的内生性的情况下，以 1988—1999 年 8 951 家上市公司为样本，发现机构股东持股比率每增加 1% 就会导致公司业绩（托宾 Q 值）提高 0.75%，而且机构股东的作用无论在 OLS 回归还是 2SLS 回归中均是显著的。继承了 Clay 的方法，Henry &

Zheng（2007）专门针对娱乐业的机构股东的作用进行了检验，发现娱乐业机构股东持股比率由1999年的43.3%上升到2002年的50.7%，而上市公司平均的托宾Q值由1999年的1.09上升到2002年的1.15，同时在利用DWH检验验证了机构股东持股的内生性的基础上，也发现了娱乐业机构股东持股对公司价值的提升作用。考虑到不同类型的机构投资者对公司价值的影响，Woidtke（2002）在将机构投资者分为证券投资基金、养老基金、社保基金和保险公司的基础上，发现只有养老基金与公司的价值之间存在正相关关系。考虑到国内外机构投资者投资理念、操作技巧、资金实力等方面的差异，Tarun & Krishna（1999）检验了印度证券市场中国内外机构投资者持股比率与公司托宾Q值的相关性，结果发现国外机构投资者持股与托宾Q值正相关，而国内机构投资者持股比率与托宾Q值负相关，作出了国外、国内机构投资者对上市公司业绩具有不同影响的结论。

与以上的研究结论相反，Elkins（1990）、Daily（1995）指出机构投资者仅仅持股，或者仅做出参与者的姿态对公司绩效没有任何意义，每年公布的机构股东提出的有关公司兼并、公司治理以及经营决策方面的建议书数目与公司绩效没有相关关系。Karpoff 等（1996）也发现由机构股东发起提出的治理建议不能导致增加公司价值的决策产生，没有任何证据表明这些建议能增加公司价值、提高公司绩效和改变公司的政策。Rakesh & James A.（1999）考察了 1985—1990 年美国上市公司兼并事件中机构投资者的存在对代理成本的减少效应，在不考虑机构股东持股的内生性的情况下，他们发现了 *CAR* 与机构股东持股的显著正相关关系，但在排除机构股东持股内生性影响的情况下，机构股东持股与兼并公告期间的 *CAR* 没有显著的相关关系，机构投资者在公司兼并决策中并没有发挥积极作用。Niclas（2005）通过对 8 家大型机构投资者进行问卷调查发现：为分散投资风险，每家机构投资者投资的上市公司不少于 40 家，机构投资者在进行股票交易时，为节约收集、分析信息的成本，过分依赖外部分析师的建议，而且也十分注重企业季度报告的信息。这表明机构投资者注重企业的短期利益，没有动力去参与企业的公司治理以获得长期的利益，机构投资者的存在并不能提升公司的长期价值，反而会促使公司经理的短期化行为。Keyes（1997）的研究表明：由于不同的所有者利益间存在着极其复杂的关系网，加上信息评估方面的问题，机构投资者对绩效的影响并不明显。Craswell et al.（1997）以澳大利亚1986和1989两年的上市公司为样本，并将样本依据公司的规模进行细分没有发现机构股东持股与公司价值之间的相关关系。Loderer & Martin（1997）以1978—1988年美国上市公司发生兼并事件的867家上市公司为样本，检验兼并后机构股东持股是否促进了公司价值的提升，结果也没有发现机构的存在能够提升公司价值的有力证据。Sukmakhija & Spiro（2000）研究了988家刚刚完成私有化的捷克企业，发现基金持股比率与公司股票价值没有显著相关性。这些研究都对机构股东参与公司治理的治理效率提出了质疑。

四、国内相关实证研究

我国学者关于机构投资者参与公司治理的实证研究的研究文献目前还较少，且研究点较分散，还没有形成系统全面的研究成果。娄伟（2002）采用1998—2000年间的数据检验了基金持股与公司绩效之间的关系，发现基金持股比率与托宾Q值显著正相关，他猜测可能是基金参与了公司治理并改善了公司绩效；王琨和肖星（2005）以2002年的上市公司为样本检验了机构投资者（证券公司和证券投资基金）持股与关联方资金占用之间的关系，结果发现上市公司的前十大股东中机构投资者的存在及其持股比率的增加都会显著降低上市公司因关联交易而产生的资产和资产负债净值，因此认为我国机构投资者已经在一定程度上参与公司的经营治理活动；王琨和肖星（2005）通过对2000—2003年间的数据进行分析发现中国证券投资基金的持股与会计业绩的关系是内生的：证券投资基金在选择投资对象时会选择会计业绩优良的公司；同时证券投资基金也起到了促进公司会计业绩改善的作用。所以他们认为中国证券投资基金既通过“用手投票”的积极方式参与公司治理又通过“用脚投票”的被动方式影响公司治理；孙凌姗、刘健（2006）有关机构投资者持股比率与上市公司绩效之间的实证研究表明两者之间存在一定的正相关关系。王彩萍（2006）利用2000—2003年全部A股上市公司前十大股东中有机构股东持股的上市公司作为样本，分别考察了机构股东持股对高管年度薪酬总额以及对高管薪酬—业绩敏感度之间关系的影响，没有发现机构投资者对高管薪酬机制的影响。罗栋梁（2007）以2000—2005年机构股东持股的上市公司为研究对象，研究了机构投资者参与公司治理的行为以及在机构投资者参与下上市公司的行为反应，结果发现机构投资者对上市公司的筹资行为、信息披露行为以及盈余管理行为都有重大影响。

国外学者关于机构股东参与公司治理的行为进行了全面、系统的研究，但对于机构股东在公司治理中的作用以及参与治理的效率都没有形成统一的定论，相关的实证研究结果也由于研究对象、研究方法、研究数据以及代理变量选择的不同而大相径庭，而我国无论是对机构股东参与治理的理论研究还是实证研究文献都比较少，在研究的广度、深度与方法上更无法与国外的研究相比拟，这主要是由于我国机构投资者发展历史较短，且国内学者的研究主要是关注机构投资者的证券市场功能，较忽视机构投资者的公司治理功能，这是我国机构投资者研究的缺陷所在。

第三节　公司治理相关理论评述

公司治理是个多层次、多角度的复杂体系理念，相关的公司治理理论的内容也相当广泛与综合，基于人们对企业性质理解的不同，公司治理理论涉及现代企业理论、委托—代理理论、公司治理结构理论、产权理论、利益相关者理论等内容，其中委托—代理理论既具有博弈论关注的存在外部性约束的个人理性选择的特点，又兼顾了信息经济学所突出的信息不对称对机制设计的影响而成为公司治理理论中的主流，因此本部分在充分界定公司治理内涵的基础上，主要分析传统的委托—代理理论、基于委托—代理理论框架下的企业内外部公司治理机制以及委托—代理理论的新拓展。

一、公司治理内涵

公司治理依据其治理目的以及治理范围限定的不同可以从狭义和广义两个角度来理解，狭义的公司治理是以Williamson（1975）等为代表提出的股东中心理论为基础，强调通过股东会、董事会、监事会以及管理层这样一种制度安排的“治理结构”为基础的公司内部治理，公司治理的根本目的是保护广大中小股东的利益（郎咸平，1999）。Shleifer & Vishny（1997）提出公司治理要处理的是公司资本供给者如何保证自己的投资能够得到合理的回报，比如资本所有者如何使管理者将利润的一部分返还给自己？怎样确定管理者没有侵吞资本或将资本投资于不利于股东利益的项目上？怎样有效地控制管理者？等等。因此公司治理的实质是要解决因所有权与控制权的分离而产生的股东与高管之间的代理问题，其核心是降低代理成本。狭义的公司治理强调的是股东的权益，也称为“股东优先理论”，在此理论下一个理想的公司治理体制应完成四项职能：①它给经理人员以足够的自由来管理好企业。②确保经理人员从股东利益出发使用这些自由去管理好企业。③经理人员知道股东的期望，且股东有足够的信息去判断他们的期望是否能得到实现，如果得不到实现，他们有采取果断行动的权利。④能使股东充分地独立于经理人员，使其能自由地买卖股票（郑红亮，1998）。

广义的公司治理不仅关注企业的经济效益，还关注企业的社会责任，强调在公司治理过程中不仅应关注股东的利益，还应关注债权人、供应商、雇员、政府和社区等利益相关者的利益（Cochran，1988）。公司治理是一套制度安排，该制度用以支配在企业中有重大利害关系的团体——投资者、经理人员以及员工之间的关系，并从这种联盟中实现经济利益。公司治理结构应包括：如何配置和行使控制权，如何监督与评价董事会、经理人员和职工以及如何设计和实施激励机制（青木昌彦，1995；钱颖一，1995）。李维安（2000）提出公司治理是现代企业理论的重要组成部分，它以现代公司为主要对象，以监督与激励为核心内容。它不仅研究公司治理结构中对经营者的监督与制衡机制，也强调如何通过公司治理结构与治理机制来保证公司决策的有效性与科学性，从而维护公司多方面利益相关者的利益。

对应于公司治理含义的广义与狭义的区别，公司治理的目标也分为广义和狭义的目标。杨华（2005）认为：广义上讲，公司治理结构是公司内部通过权益交易的文化、习惯和正式章程，规定出或默认了一些利害相关人的权益安排；狭义上的治理结构，则是公司内部通过正式章程，也包括部分交易习惯和文化，形成股东与董事之间、出资人与债权人之间、股东/董事会与经理层之间的权利—义务结构安排。即广义的公司治理目标倾向于促使公司在完成全体利益相关者权益最大化的同时，还关注公司的社会责任。而狭义的公司治理目标仅为实现股东/公司价值最大化。

综上所述，股东与经营者之间以及大股东与中小股东之间的代理成本是公司治理存在的原因，而通过激励与监督机制减少代理成本是公司治理的根本目的。公司治理是一项系统工程，激励机制虽能发挥积极作用，但监督机制是公司治理机制的核心，一套健全合理的监督体系应包括如图 2－1 所示的各内外部组成部分。

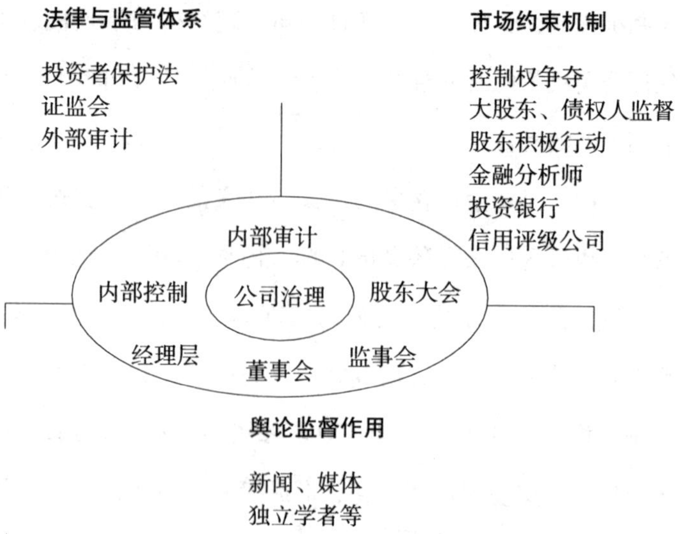

图 2－1　公司治理监督制衡体系

在图 2－1 中，股东大会、董事会、监事会、经理层、内部控制以及内部审计等是公司治理的内部机制，法律与监管、市场约束以及舆论监督是公司治理的外部机制，而市场约束中的股东行动机制主要是指机构股东的行动，机构股东较之中小股东拥有资金、信息以及专业知识等多方面的优势，能够克服中小股东“搭便车”的行为，在制衡大股东过程中更容易获得正的净收益，因此机构股东积极行动是否能成为有效的外部治理机制，是我们探讨的主要问题。

二、产权理论

产权理论是在解决契约的不完全性可能导致投资方机会主义侵害问题时，由 Grossman & Hart（1986）、Hart & Moore（1990）、Hart（1995）等为代表提出的。在理解产权理论前，我们首先要明确产权的概念。马克思认为产权是人们（主体）围绕或通过财产（客体）而建立和形成的经济权利关系。西方产权学派（德姆塞茨、诺斯等）也对产权提出了自己鲜明的观点。德姆塞茨认为："所谓产权，意指使自己或他人受益或受损的权利。""产权是社会的工具，其意义来自于这样一个事实：在一个人与他人做交易时，产权有助于他形成那些他可以合理持有的预期。"诺斯从与德姆塞茨基本一致的角度给产权下了定义，他指出"产权本质上是一种排他性权利"。阿尔钦在其论文《产权：一个经典的注释》中给产权下了一个简明的定义："产权是一个社会所强制实施的选择一种经济品的使用的权利。"根据以上学者提出的有关产权的概念，本书认为产权不是人与物之间的关系，而是资源拥有者控制、运用资源的权利。产权理论认为：产权的起源实际上解决了产权主体之间对经济资源权利的界定、维护和行使的问题，提高了经济资源配置的效率，降低了产权主体之间的交易成本，使得建立排他性规则所需的交易费用小于这种规则带来的收益。因此，产权理论是以交易成本为基本概念，以科斯定理为核心内容，以分析产权制度和经济效率之间关系为主的较为完整的理论体系。产权的合理安排能够提高资源配置的效率，因此如何合理分配外部投资者和经理人之间的“剩余控制权”① 是公司治理的重要问题，而该理论认为，这种权力天然地归非人力资本所有者拥有，物质资本所有权才是这种权力的来源，即公司股东才是公司治理的主体。

三、公司治理结构理论

基于公司治理成员的不同，公司治理结构可分为注重股东权利的单边治理结构与以利益相关者为基础的多边治理结构。早期的公司治理结构理论强调公司的目标是实现股东财富的最大化，因此认为只有股东才是参与公司治理的主体，而在 1990 年美国《宾夕法尼亚州 1310 法案》明确指出“股东只是公司利益相关人的一方，不享有特殊地

① 剩余控制权是指“可以按照任何不与先前的合同、惯例或法律相违背的方式决定资产所有用途的权力”。

位，要求董事会不仅要对股东负责，还要对其他利益相关者负责”之后，公司治理的目标由实现股东财富最大化扩展为实现利益相关者财富最大化，相应的治理结构也由单边的治理结构向多边的治理结构转变。公司治理结构理论主要探讨的问题有：①公司治理结构的含义。早在20世纪80年代，美国公司董事协会对公司治理结构的界定是：公司治理结构是确保企业长期战略目标和计划得以确立，确保整个管理机构能够按部就班地实现这些目标和计划的制度安排。1995年，美国学者布莱尔从狭义和广义两方面给公司治理结构作出定义，他认为：狭义地讲，公司治理结构是指有关公司董事会的功能、结构和股东权力等方面的制度安排；广义地讲，公司治理结构是指公司剩余控制权和剩余索取权分配的一套法律、文化和制度安排，它决定着公司目标，谁在什么状态下实施控制，如何进行控制，风险与收益如何在不同成员之间分配的问题。②融资结构的选择对公司绩效的影响。Modingliani & Miller（1958）认为公司融资结构的选择即股权与债权比率的选择与企业的价值无关。因为其研究的前提假设是公司债务是无风险的，且公司要么没有违约风险，要么违约风险能够被完全分散化，他们提出的计算资本成本的公式为：

$$\mathrm{WACC} = \rho(1 - \tau e\frac{B}{B+S})$$（MM 理论）

其后 Jensen & Meckling（1976）在放宽了 MM 理论的假设前提后证明：不同的融资契约与不同的代理成本相联系，融资结构的选择是为了最小化总代理成本，从而提高公司价值。③股权结构对公司价值的影响。1976 年 Jensen & Meckling开创性地研究了内外部股东持股比率与公司价值之间的关系，结果发现：内部股东持股比率越高，公司的价值越高。其后 Shleifer & Vishny（1997）通过研究也发现：公司的价值取决于公司内部股东所占有的股份比例，所有权的适当集中有利于公司绩效的提高。Myeong-Hyeon Cho（1998）认为：股权结构的差异影响公司的投资决策，从而影响公司的价值提升。

四、委托—代理理论

1. 委托—代理理论阐述

20 世纪 60 年代末 70 年代初，西方经济学家在深入研究企业内部信息不对称和激励问题时逐步提出和发展了委托—代理理论。亚当·斯密（1776）早在其著作《国富论》中就曾指出："股份公司中的经理人员，使用别人而不是自己的钱财，不可能期望他们会有像私人公司合伙人那样的警觉性去管理企业……因此，在这些企业的经营管理中，或多或少地，疏忽大意和奢侈浪费的事总是会流行。”而伯利和米恩斯（1937）在其《现代公司与私有财产》一书中第一次明确提出了“所有权与控制权分离”的观点并且认为管理者权力的增大有损害资本所有者利益的危险。

委托—代理理论是研究由于企业所有权与经营权的分离而导致的各种层次的管理活动中的委托—代理成本的理论，这一理论针对委托者与代理者之间的信息分布不完全或不对称的特征，提出了一整套原理和方法，用以指导委托者设计最优机制，即以契约表现的最优规则谋求自身期望效用的最大化，其目的是设计一种机制，能给代理人提供某种刺激和动力，使之按有利于委托人的目标努力工作。其主要观点是：随着规模化生产的出现以及社会分工的细化，一方面，企业的所有者由于知识、能力和精力的原因无法有效地行使其拥有的权力，而另一方面，社会专业化的分工产生了一大批具有专业知识的代理人，他们有精力、有能力代理行使好被委托的权力。于是，由于所有权与经营权的分离产生了委托—代理关系，但在委托—代理关系中，作为理性人的委托方与代理方都是追求自身效用的最大化，而所有者的效用函数与经理人的效用函数显然是不一样的——所有者因个人财富与公司价值紧密相连，追求的是公司价值的最大化，而经理人则追求自己的工资津贴收入、奢侈消费和闲暇时间的最大化，治理人“道德风险”的存在必然导致两者存在利益冲突。在没有有效的制度激励与约束的情况下代理人的行为很可能最终损害委托人的利益。而世界——不管是经济领域还是社会领域——都普遍存在委托—代理关系，股东与经理、经理与员工、选民与人民代表、公民与政府官员、原（被）告与律师，甚至债权人与债务人的关系都可以归结为委托人与代理人的关系。委托—代理关系的关键特征是：委托方的利益与代理方的行为息息相关，但委托方无法直接控制代理方的行为，甚至对代理方工作的监督也有困难，只能通过激励与约束等机制间接影响代理方的行为。代理人问题是委托—代理理论的核心问题，委托—代理理论的全部内容都是围绕这个问题而展开的，在此基础上衍生出了许多解决代理人问题的模型和方法。

委托—代理理论是现代企业契约理论的一个重要组成部分，它是对古典资本主义企业向现代股份制企业转变及相伴随的两权分离的实践的客观总结，其在解决代理问题中发挥重要作用，但其理论本身也有一定的局限性：①委托—代理理论是建立在理性人假设基础之上的，认为作为理性的委托人与代理人之间的目标利益是根本冲突的，但现实中委托人和代理人的目标利益也存在着一致性，没有任何一个委托人和代理人天生愿意和对方对立，他们都希望把企业建设好，只有企业建设好了，委托人和代理人才能从中获益。②委托—代理理论假设委托人和代理人全部为经济人，即都只是顾及自身的利益最大化而不考虑其他因素的理性人，但人是群居动物，除了具备经济性外还具备社会性，社会人的特征导致委托人与代理人在追求经济利益的同时还追求自身修养的完善、社会责任感的增强、奉献精神、事业心等多方面。而委托—代理理论片面地强调经济性而忽视社会性，认为经济激励是对代理人努力工作的唯一动因，这显然与现实不符。③所有的委托—代理模型都是基于委托人的利益设计的，强调通过一系列契约的制定使代理人的行为符合委托人的利益，从而达到委托人利益的最大化。这种设计的潜在假设是：只有委托人的利益和社会利益是相符的，达到委托人利益最大化就达到了帕累托最优状态，而否认了代理人利益和社会利益的一致性。因此委托—代理理论发展至今，还没有出现基于代理人利益出发的激励模型，这也是委托—代理理论的一大缺陷。

2. 委托—代理理论框架下的公司治理机制

股东与经理人之间信息不对称而导致的代理成本主要是指股东的监督成本，具体包括股东付出的获取企业营运状况的成本、股东之间以及股东与管理层沟通的成本、敦促经理人执行决策的成本以及经理人的道德风险成本。解决代理问题是委托—代理问题的核心，为了减少代理成本，股东有必要采取“胡萝卜 + 大棒”政策：一方面，通过合理的薪酬机制设计对经理人进行激励，使经理人的效用函数趋同于股东的效用函数，达到激励相容约束；另一方面，加强对经理人的监督，充分发挥产品市场、控制权市场、经理人市场的作用，通过信号传递机制使经理人的行为更符合股东的根本利益。

（1）激励机制对代理成本的降低。

股东与经理人之间的信息不对称导致经理人存在机会主义、内幕交易等道德风险问题。如何降低经理人的道德风险？委托—代理理论中隐藏行动的道德风险模型为我们提供了一个很好的解决思路，即在参与约束与激励相容约束的限制下，在委托关系确立之前，股东与经理人签订建立在可观测变量基础上的激励合同，通过股东与经理人之间的这种隐性或显性的合同将经理人的努力与公司的经营业绩挂钩，对经理人努力工作的补偿（年薪、股权以及期权等）建立在与股东利益相一致的财务及非财务指标上，诱使经理人的行动从股东利益最大化的角度出发，减少股东与经理人之间的代理成本。

在激励薪酬设计中，如何找到合适的可观测变量是一大难题，现实中往往采用基于公司利润水平的薪酬契约。而 Holmstrom & Milgrom（1991）证明了在多目标激励环境中，这种薪酬契约的设计会导致经理人过分关注对公司业绩敏感的短期目标，而忽视其他对公司有益的长期目标，激励基础变量的难确定性阻碍了薪酬设计机制在减少代理成本方面的作用。针对经理人显性激励合同的缺陷，Dewatripont & Tirol（1999）详尽探讨了经理人的隐性激励问题，根据马斯洛的人性需求的五个层次，经理人在工作过程中非常关注自身的声誉以及职业生涯，这是促使经理人努力工作的内在动因，只要能充分激发经理人的这一内在需求，经理人的道德风险将大大降低，但隐性激励也存在一定的问题，例如，由于经理人存在“羊群效应”，经理人可能忽视自身判断而去复制前任经理人的决策，导致现任经理人的保守与短视。

（2）信号传递机制对代理成本的降低。

信号传递概念最早是由 Spence 在 1974 年提出的，他将具有传递信息作用的行为称为“信号”，通过信号传递信息的方法则称为“信号机制”，信号机制能够传递发出方想让接收方了解其很希望了解的信息，使得许多决策问题中信息不对称的情况有所改善，这将有利于提高接收方决策的准确性和效率，对发出方和接收方都是有利的。在股东与经理人的代理问题中，股东由于不能直接观察与判断经理人的努力程度与真实水平，因此无法有效地监督经理人的行为，为了减少股东与经理人之间的信息不对称，可以通过产品市场的竞争机制以及控制权市场机制来解决。

产品市场的竞争能够传递经理人工作能力以及努力水平的信息，其对经理人的激励主要来自三个方面：①信息比较动力。竞争可以让企业经理人员的能力和努力程度更加充分公开，从而做到更有效地监督与激励经理人员。②生存动力。充分的竞争导致企业在市场中生存或死亡，经理人员为了生存，在竞争面前只能发奋努力，提高效益。③信誉动力。很多西方发达国家都存在成熟的经理人员市场，经理人员市场的存在给在位经理人员提供了一个信誉传递机制。

公司控制权市场是股东可以依赖的另一个外部信号传递机制。控制权市场对经理人行为的约束价值在于：它使经理人的合约补偿建立在私人可观察的真实世界状态中。当经理人与股东之间存在信息不对称时，股东无法判断企业价值低是由于经理人偷懒还是由于外部环境造成。信息知情者从外部可以作出合理的判断，从而提高了股东为经理人制定激励合约时的效率。

3. 委托—代理理论的拓展

传统的委托—代理理论关注的是股权高度分散下的股东与经理人之间的利益冲突问题，然而在欧洲大陆国家，股权却是相当集中的，即使是在股权高度分散的美国，也存在大量的控制性股东，大股东因其从控制权中获得的收益大于监督经理人所付出的成本，能够对经理人提供有效监督，克服了中小股东在提供监督这种公共产品时的“搭便车”行为，在一定程度上缓解了股东与经理人之间的代理问题（Shleifer & Vishny，1986）。从委托—代理的角度来说，由于中小股东缺乏监督经理人的动力与能力，与大股东之间存在隐性的委托关系——将自身的监督职责委托大股东去执行，但大股东与中小股东的利益是不一致的，大股东在付出监督成本而监督收益却与中小股东共享的情况下，必然会寻求共享利益之外的独享利益——控制权私人收益。大股东利用控制权侵害中小股东的利益便形成了新的代理问题。在股权集中的公司，一方面大股东可以有效地监督经理人减少代理成本，另一方面大股东的寻租行为严重侵害了中小股东的利益，“水能载舟，亦能覆舟”，如何减少大股东与中小股东之间的代理成本成为近十年来公司治理研究中的重要问题，其涉及的主要问题有以下两点：

（1）控制权私人收益的概念。

Grossman & Hart（1988）首次明确界定控制权私人收益的概念，他们认为控制权私人收益是为经理人占有的，不能为其他人所分享的利益。Grossman & Hart 提出的控制权私人收益的概念强调了私人收益的不可转移性以及货币性。针对控制权私人收益是否不可转移，Coffee（2001）则关注控制权私人收益的可转移性，指出控制性股东通过转移收益而获得控制权私人收益的行为包括低价转移资产、过度报酬等。综合 Grossman & Hart 和 Coffee 的观点，Ehrhardt（2003）认为控制权私人收益既包括转移收益又包含一部分不能转移的收益，例如，通过发行低价股票稀释中小股东利益的行为就没有直接涉及公司资产转移，还有控制性股东所获得的社会声誉也不能通过转移公司控制权来使得新的接管者同样享有。显然，仅从是否转移资产角度来定义控制权私人收益是片面的，这将导致研究过分地强调“隧道行为”（tunneling），而忽视了其他更加隐蔽的获得控制权私人收益的行为。针对私人收益的货币性观点，Harris & Raviv（1988）、Aghion & Bolton（1992）、Mueller（2003）提出的控制权私人收益概念则更强调私人收益的非货币性，他们认为控制权私人收益是企业家所独享的精神收益，包括与控制权相关的社会地位以及职业声誉等非货币性收益，控制权私人收益中货币性收益与非货币性收益同等重要，当控制性股东是公司的创立者时这种非货币性收益尤为重要。目前理论界对于控制权私人收益的可转移性以及货币化都没有形成统一的观点。

（2）控制权私人收益的衡量。

大股东的收益来源于两个部分：现金流权所带来的收益与控制权私人收益，前者基于公司的利润可以很好地度量，而具有独享性的控制权私人收益的衡量相当困难，正如 Dyck & Zingales（2004）所说，“直接测量控制权私人收益是非常困难的，只有当证实或者发现控制性股东攫取公司资源来获得个人收益的行为非常困难或者不可能时，控制性股东才会这么做，如果控制权私人收益很容易度量，那么这些收益就不是私人的，因为外部股东可以通过法律来要求补偿这部分损失”。目前衡量控制权私人收益的办法主要有两种：①基于控制权转让的度量方法，该方法由Barclary & Holderness（1989）先提出的，他们认为控制权转移过程中大股东获得的转移溢价就是控制权私人收益，因为如果控制权存在其他股东不能享有的利益时，要让大股东心甘情愿地放弃这种独享利益，必然要给予其更高的补偿，因此当大宗股份在市场上出售时，每股获得的溢价能够反应控制权私人收益的大小。这一方法的主要缺陷是过分强调控制权私人收益中的货币性收益部分，而忽略了控制权私人收益中同样重要的非货币性收益（Roosenboom & Schramade，2006）。非货币性收益更是为控制性股东所独有，并且如同声誉这样的控制权私人收益并不会伴随控制权的转移而转移，因而这种度量方法会低估控制权私人收益，特别是在那些控制权私人收益主要以非货币性收益为主的国家，低估的程度更高（Dyck & Zingales，2004）。②基于不同投票权的股票转移溢价的度量方法。Zingales（1995）、Nenova（2003）提出公司的股份依据不同的投票权可以分为有投票权的股票和无投票权的股票，而这两种股票的价格是不一样的，通过比较具有投票权的股票与不具有投票权股票的价格的差异就可以确定控制权的私人收益。但这种方法在我国并不适用，我国目前发行的股票都是同股同权的，还没有发行具有不同投票权的股票。

第三章　机构股东参与公司治理的博弈分析

"一股独大"的股权结构导致我国存在严重的控股大股东侵害中小股东利益的现象，专业理财的机构股东能否有效监督大股东行为，保护中小投资者利益？本章基于博弈论的视角，通过构建机构股东与控股大股东"掏空"行为的博弈模型，探讨我国机构股东在第二类委托—代理问题中的作用机理。

第一节　我国所有权结构与公司治理问题

20 世纪 90 年代初，为了顺利进行国有企业股份制改造以及解决国有企业资金来源问题，我国深交所与上交所相继成立。证券市场成立的初衷导致我国最初的上市公司绝大多数由国有企业改制而来，而且为了维护公有制的主体地位，相关法规要求国家必须在改制后的上市公司中占据控股地位（包括绝对控股和相对控股），这导致我国上市公司股权过分集中，且国有股“一股独大”的现象相当严重，虽然大股东的存在在一定程度上解决了中小股东“搭便车”的行为，保证了股东权益不受内部经理的侵蚀，但也为控股股东攫取控制权私人收益提供了可能。“一股独大”的所有权结构导致我国上市公司主要存在的治理问题是控股股东利用大比例分红、无偿占用上市公司资金、关联担保、增发股票等各种方式“掏空”上市公司，侵害中小股东利益的第二类委托一代理问题。据统计资料显示，2004 年，全国 1 334 家上市公司中，有 702 家存在被大股东及关联方占用资金的问题，年内占用资金发生额共计 965.90 亿元。截至 2004 年末，上市公司被大股东等关联方占用资金净占用额为262.3亿元，相比2003年增幅高达113.6%；上市公司对子公司担保金额的比率也由2003年的62%增加到2004年的81%。由于目前我国对中小股东的保护力度比较薄弱且监管部门对于控股股东行为的监管也不到位，近年来控股股东“掏空”上市公司的行为频频发生，如德隆系、格林柯尔系、鸿仪系、ST猴王、三九药业、大庆联谊等事件，极大地侵害了中小股东的利益。大量的实证研究①也证实了控股股东“掏空”行为的危害性。控股股东对中小股东的严重侵害行为引起了实务界与理论界的高度重视。

在实务界，2000年6月证监会发布了《关于上市公司为他人提供担保有关问题的通知》，将担保列为信息披露事项，上市公司的对外担保行为开始受到监督。2003年9月8日，为进一步规范上市公司与控股股东及其他关联方的资金往来，有效控制上市公司对外担保风险，保护投资者的合法权益，证监会颁布了《关于规范上市公司与关联方

① 李增泉等（2005）认为：上市公司对非上市公司的购并行为是地方政府和控股股东“支持”或“掏空”上市公司的一种手段，“掏空”行为的危害极大。Johnson et al.（2000）证明：控制性股东猖狂的掏空行为是导致1997—1998年的亚洲金融危机的重要原因。Morck et al.（2000）和Wurgler（2000）的研究证明：控制性股东的掏空行为降低了资本市场的配置效率。Bertrand et al.（2002）指出：掏空行为可能降低整个经济的透明度、歪曲会计收益数据，从而加大外部投资者评价企业财务状况的难度。

资金往来及上市公司对外担保若干问题的通知》，在该通知中明确规定：上市公司不得通过有偿或无偿地拆借公司的资金给控股股东及其他关联方使用、银行或非银行金融机构向关联方提供委托贷款、委托控股股东及其他关联方进行投资活动、为控股股东及其他关联方开具没有真实交易背景的商业承兑汇票、代控股股东及其他关联方偿还债务的方式将资金直接或间接地提供给控股股东及其他关联方使用。2007 年 9 月颁布的《上市公司监督管理条例》强化了上市公司与控股股东、实际控制人及其控制的其他企业的人员、资产、财务分开，机构、业务独立方面的要求，鼓励公司通过定向增发等手段实现整体上市，规定控股股东、实际控制人及其控制的其他企业不得利用关联交易、资产重组、投资等任何方式直接或间接地侵占上市公司资产。对违反该条例的控股股东及实际控制人，由证监会责令限期返还不当利益，并将单处或者并处 30 万元以上 60 万元以下的罚款。2008 年 8 月，证监会接连发布了严防大股东占款的两道金牌——《关于防止大股东占用上市公司资金问题复发的通知》和《关于强化持续监管，防止资金占用问题反弹的通知》。该通知规定：各证监局可以视情况要求上市公司董事会申请冻结大股东所持公司股权，如大股东无法以现金清偿则通过司法拍卖等形式将大股东所持股权变现偿还；交易所可以视情况对占用上市公司资金的股东所持股权予以冻结、限制交易。

在理论界，许多学者从不同的角度探讨了如何通过各项机制的建设与完善有效抑制控股大股东的“掏空”行为。李增泉、孙铮和王志伟（2004）利用2000—2003年间的4 150个观测值研究了所有权结构对控股股东“掏空”行为的影响，实证结果表明：控股股东占用的上市公司资金与第一大股东持股比率之间存在先上升后下降的非线性关系，但与其他股东的持股比率则呈现出严格的负相关关系，股权制衡能够有效抑制控股股东的“掏空”行为。黎来芳（2005）基于鸿仪系案例的分析，提出落实控制性股东的商业伦理和诚信义务，是从源头上防范“掏空”现象的重要途径。叶康涛、陆正飞和张志华（2007）、罗党论和黄郡（2007）、高雷和宋顺林（2007）的研究则显示独立董事制度、审计师的意见和投资者利益保护水平均会影响控股大股东的“掏空”行为。饶育蕾、张媛和彭叠峰（2008）运用事件研究法发现当大股东持股比率低于60%时，大股东存在通过上市公司对子公司担保的方式掏空上市公司的现象；当持股比率高于60%时，则产生了显著的利益协调效应，能有效地抑制掏空。

我国的机构投资者自20世纪90年代后在证监会超常规的政策鼓励下得到了超常规的发展，尤其是在股权分置改革顺利完成之后，机构投资者的持股比率不断增加①，而且近年来随着QFII批准额度的不断提高，QFII的价值投资理念逐步被国内的机构投资者所接受，其参与公司治理的意识也越来越强烈，2000年胜利股份表决权争夺、2002年中兴通讯H股发行失败以及2003年招商银行可转债发行风波都表明我国的机构投资者正在行动。同时，娄伟（2002）的实证检验发现：1998—2000年间上市公司的托宾Q值与基金持股比率显著正相关，这可能是基金参与了公司治理并改善了公司绩效。王琨和肖星（2005）检验了2002年间机构投资者（证券公司和证券投资基金）持股与关联方资金占用之间的关系，结果发现上市公司的前十大股东中机构投资者的存在及其持股比率的增加都会显著降低上市公司因关联交易而产生的资产和资产负债净值，因此认为我国机构投资者已经在一定程度上参与公司的经营治理活动。

① 中国证监会副主席姚刚在2008年5月15日举行的“第二届中印金融发展高层论坛”上表示：截至2008年4月底，我国的证券公司有106家，基金管理公司60家，目前，证券投资基金、保险资金、社保年金、QFII等机构投资者持有的流通市值比例接近50%。

接下来我们将运用博弈论来分析机构投资者在解决公司治理的第二类委托—代理问题中发挥的作用，为机构投资者参与公司治理提供理论基础。

第二节　机构股东参与公司治理的博弈模型构建及解析

吴敬琏（2001）认为，公司股权集中度与公司治理有效性之间的关系曲线呈倒U型，股权过于分散或过于集中都不利于建立有效的公司治理结构。前者会造成股东“搭便车”的心理，对公司的经营状况不闻不问，对经理人员的监督变得软弱无力。而后者将造成控股股东擅权独断，高层经理人员惟大股东之命是从。机构投资者的出现导致股权结构的调和状态——机构投资者的相对控股地位既制衡了控股大股东的控制权力，又解决了中小股东“搭便车”的行为，处于持股中间状态的机构投资者在一定程度上能够解决委托—代理问题，提高公司的投资价值。

我国股权结构的相对集中导致我国存在严重的第二类委托—代理问题，控股股东利用有利于控制性股东的转移定价，侵占上市公司的发展机会，以不公允价格将公司的资产出售给控制性股东，为控制性股东提供贷款担保，稀释中小股东权益等各种方式“掏空”上市公司，侵害中小股东利益的事件屡见不鲜，机构股东的出现能否抗衡控股股东的权力？本部分将通过构建机构股东与控股大股东“掏空”行为的不完全信息博弈模型来探讨机构股东的监督作用。

一、博弈模型的描述

控股大股东“掏空”行为的目标是转移上市公司的实际资源，具有一定的隐秘性并且通常不影响当期业绩，机构股东无法直接观察到这种行为，且控股大股东通过“掏空”行为所获得的额外收益是具有排他性的私人收益（控制权私人收益），无法准确衡量，机构股东与控股大股东间的博弈是不完全信息静态博弈。在该博弈模型中控股大股东的策略为［攫取控制权私人收益，不攫取控制权私人收益］；机构股东的策略为［监督，持有］。

假设1：徐晓东和陈小悦（2003）对于大股东持股情况的研究显示：我国上市公司第一大股东和第二大股东的平均持股比率分别为41.5%和8.3%，“一股独大”的现象相当明显。因此假设上市公司存在一个控股大股东和一个机构股东，其持股比率分别为 a_1、a_2，且 $a_1 > a_2$。机构股东与控股大股东都是理性的。

假设2：控股大股东攫取的控制权私人收益为 B，公司治理状况的好坏会影响 B 的大小，在公司治理状况好时，一方面，控股大股东为解决股东—管理者之间的代理问题付出的监督成本较高，必然要求获得的额外回报较多，另一方面，控股大股东可占有的公司资源较多，通过“掏空”行为获得的独占收益也较多。因此，公司治理状况好时的控制权私人收益为 B_H；公司治理状况差时的控制权私人收益为 B_L，且 $B_H > B_L$。

假设3：作为“内部人”的控股大股东充分了解公司的治理状况，而作为“外部人”的机构股东可以根据公司治理结构、信息披露、董事会组成、高管薪酬等指标结合自身的专业知识或直接根据研究机构提供的公司治理指数，如南开治理指数，来判断所投资公司治理状况的好坏，假设机构股东判断所投资公司治理状况不好的概率为 $P(b)$，则好的概率为 $1-P(b)$。

假设4：机构股东的监督成本为 c_1，Xia Chen & Jarrad Harford（2007）认为机构投资者的监督成本随机构股东持股比率和持股时间的增加而减少，因为持股比率高的机构投资者更容易接触公司的高管人员，且持股时间越长越易于获得公司的关键信息。因此假设 $F(c_1) = c/Ta_2$。

假设5：控股大股东的效用来自公司的价值与攫取的控制权私人收益，机构股东的效用来自公司的价值与监督的净收益。郝颖、刘星和林朝南（2006）的研究证实控制权私人收益的存在会减少公司的价值。假设不存在控制权私人收益时的公司价值为 V，则存在控制权私人收益时的公司价值为 $V-B$。

假设6：机构股东发现控股大股东“掏空”行为的概率为 r，当“掏空”行为被发现时，控股大股东获得的控制权私人收益 B 全部归还企业，且要受到司法机构以及证券监管部门的惩罚，惩罚成本为 c_2，c_2 的大小反映了我国法制以及监管的完善程度。

二、博弈模型的构建及海萨尼转换

基于以上的假设，本文构造了如表 3-1 所示的不完全信息静态博弈模型。

表 3－1　机构股东与控股大股东之间的不完全信息静态博弈模型

		控股大股东			
		公司治理状况好		公司治理状况差	
		攫取	不攫取	攫取	不攫取
机构股东	监督	$\{r(a_1v-c_2)+(1-r)[a_1(v-B_H)+B_H],\ a_2[v-(1-r)B_H]-c_1\}$	$(a_1v,\ a_2v-c_1)$	$\{r(a_1v-c_2)+(1-r)[a_1(v-B_L)+B_L],\ a_2[v-(1-r)B_L]-c_1\}$	$(a_1v,\ a_2v-c_1)$
	持有	$\{a_1(v-B_H)+B_H,\ a_2(v-B_H)\}$	(a_1v, a_2v)	$\{a_1(v-B_L)+B_L,\ a_2(v-B_L)\}$	(a_1v, a_2v)

通过海萨尼转换，可转换为如图 3－1 所示的两阶段完全但不完美信息动态博弈模型。

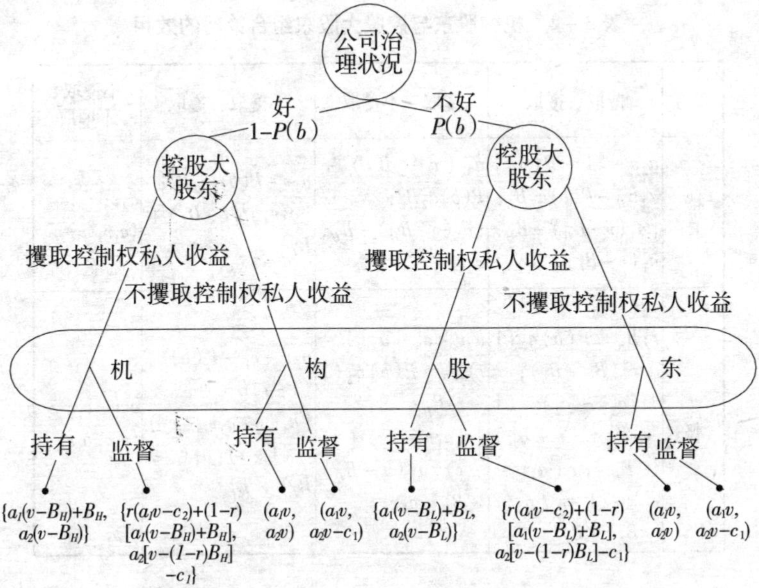

图 3-1 机构股东与控股大股东之间的完全但不完美信息动态博弈模型

三、博弈模型的均衡解

在该博弈模型中，控股大股东的两种类型导致机构股东与控股大股东的 8 种组合策略，在这 8 种策略下的效用如表 3-2 所示：

表 3－2 机构股东与控股大股东组合策略的效用

	攫取、攫取	攫取、不攫取	不攫取、攫取	不攫取、不攫取
持有	$a_2v-[1-P(b)]a_2B_H-P(b)a_2B_L$; $[a_1(v-B_H)+B_H, a_1(v-B_L)+B_L]$	$a_2(v-B_H)+P(b)a_2B_L$; $[a_1(v-B_H)+B_H, a_1v]$	$a_2v-P(b)a_2B_L$; $[a_1v, a_1(v-B_L)+B_L]$	a_2v; (a_1v, a_1v)
监督	$a_2v-c_1-a_2(1-r)B_H+P(b)a_2(1-r)(B_H-B_L)$; $\{r(a_1v-c_2)+(1-r)[a_1(v-B_H)+B_H], r(a_1v-c_2)+(1-r)[a_1(v-B_L)+B_L]\}$	$a_2v-c_1-a_2(1-r)B_H+P(b)a_2(1-r)B_H$; $\{r(a_1v-c_2)+(1-r)[a_1(v-B_H)+B_H], a_1v\}$	$a_2v-c_1-P(b)a_2(1-r)B_L$; $[a_1v, r(a_1v-c_2)+(1-r)[a_1(v-B_L)+B_L]]$	a_2v-c_1; (a_1v, a_1v)

从表 3－2 的机构股东与控股大股东的效用函数中，我们可以看出：

（1）当机构股东选择持有策略时，在本模型没有考虑其他监督机构对控股大股东“掏空”行为的监督作用的情况下，控股大股东攫取控制权私人收益无须承担攫取成本，这导致控股大股东从攫取策略中获得的效用 $[a_1(v-B_H)+B_H, a_1(v-B_L)+B_L]$ 均大于从不攫取策略中获得的效用 a_1v，控股大股东的占优策略是［攫取、攫取］。当机构股东选择监督策略时，由于惩罚成本 c_2 大小的不同，控股大股东的占优选择不一样。若 $B_L(1-r)(1-a_1)-rc_2$

>0，即控股大股东由于“掏空”行为所遭受的惩罚比较小时，由于控股大股东攫取的控制权私人收益 $B_H(1-r)(1-a_1)$、$B_L(1-r)(1-a_1)$ 均大于实施攫取的成本 rc_2，控股大股东的占优策略仍是［攫取、攫取］。当 $B_H(1-r)(1-a_1)-rc_2>0$ 且 $B_L(1-r)(1-a_1)-rc_2<0$ 时，控股大股东“掏空”行为的成本逐渐增加，导致在公司治理状况不好时，控股大股东攫取的控制权私人收益 $B_L(1-r)(1-a_1)$ 小于实施攫取的成本 rc_2，控股大股东的占优策略为［攫取、不攫取］；当 $B_H(1-r)(1-a_1)-rc_2<0$，即控股大股东遭受的惩罚成本足够大时，无论在公司治理状况好坏的情况下，控股大股东从攫取中获得的效用均小于不攫取的效用，控股大股东的占优策略为［不攫取、不攫取］。

（2）当控股大股东的策略为［攫取、攫取］，若机构股东选择监督获得的效用 $a_2v-c_1-a_2(1-r)B_H+P(b)a_2(1-r)(B_H-B_L)$ 大于选择持有获得的效用 $a_2v-[1-P(b)]a_2B_H-P(b)a_2B_L$，即机构股东判断公司治理不好的概率 $P(b)<\dfrac{a_2rB_H-c_1}{a_2r(B_H-B_L)}$ 时，机构股东的占优策略是监督，否则选择持有。依此类推，当控股大股东的策略

为［攫取、不攫取］，若机构股东判断公司治理不好的概率 $P(b)<\frac{a_2rB_H-c_1}{a_2rB_H}$ 时，机构股东的占优策略为监督，否则为持有。当控股大股东选择［不攫取、不攫取］时，机构股东的占优策略为持有。

（3）通过以上的分析，由于模型中惩罚成本 c_2 大小设定的不同，本博弈的均衡策略也不相同。但当机构股东选择持有策略时，由于本模型没有考虑其他监管机构对控股大股东“掏空”行为的监督，因此，在机构股东不监督的情况下，控股大股东的“掏空”行为处于监管真空状态，惩罚成本的大小不影响本模型的均衡解，即当机构股东判断公司治理不好的概率 $P(b)>\frac{a_2rB_H-c_1}{a_2r\ (B_H-B_L)}$ 时，本模型肯定存在｛持有，［攫取、攫取］｝的均衡解。除此以外，本模型还存在以下情况的均衡解：

①当 c_2 较小，小于 $\frac{B_L\ (1-r)\ (1-a_1)}{r}$ 时，如在 2002 年之前，由于我国管理机构与监管部门对控股大股东“掏空”行为认识不足，导致无论是监管力度还是惩罚措施都相当薄弱。在这种情况下当机构股东判断公司治理状况不好的概率 $P(b)<\frac{a_2rB_H-c_1}{a_2r\ (B_H-B_L)}$ 时，模型存在｛监督，

[攫取、攫取]} 的均衡策略。

②当惩罚成本逐渐增加到$\frac{B_H(1-r)(1-a_1)}{r}$但小于$\frac{B_L(1-r)(1-a_1)}{r}$时，如随着控股大股东“掏空”行为的日益频繁以及对中小股东侵害程度的加深，证券会于2002 年颁布的《上市公司治理准则》中明确规定：“上市公司的资产属于公司所有。上市公司应采取有效措施防止股东及其关联方以各种形式占用或转移公司的资金、资产及其他资源。上市公司不得为股东及其关联方提供担保。”2005 年 2 月，中国证监会与国资委又联合发布了《关于规范上市公司与关联方资金往来及上市公司对外担保若干问题的通知》，对控股股东侵吞上市公司资产作出了更具体的定性和定量规定，并明确了相应的责任条款。此时当机构股东判断公司治理不好的概率小于$\frac{a_2rB_H-c_1}{a_2rB_H}$时，模型存在{监督，[攫取、不攫取]} 的均衡解。

③当惩罚成本足够大，达到$\frac{B_H(1-r)(1-a_1)}{r}$时，如 2006 年 7 月新出台的刑法修正案中正式将大股东占款以及违规担保等严重侵犯上市公司利益的行为定性为犯罪活

动，对于违规的上市公司的董事、监事、高级管理人员可以判处三年以下有期徒刑或者拘役，并处或者单处罚金；致使上市公司利益遭受特别重大损失的，处三年以上七年以下有期徒刑，并处罚金。在如此严厉的惩罚措施下控股大股东的“掏空”行为将得到有效的抑制，但由于本模型没有考虑除机构股东之外的监督力量，因此本模型不存在{持有，[不攫取、不攫取]}的均衡解。

综上所述，本博弈模型由于惩罚成本设定的不同可能存在三个均衡解，即{持有，[攫取、攫取]}、{监督，[攫取、攫取]}、{监督，[攫取、不攫取]}。

第三节 博弈模型均衡解分析及政策建议

从机构股东与控股大股东“掏空”行为的模型均衡解中，我们可以看出：

(1) 机构股东决定是否监督的关键是对公司治理状况好坏的判断，当机构股东判断公司治理状况不好的概率 $P(b) < \frac{a_2 rB_H - c_1}{a_2 r\ (B_H - B_L)}$ ①时，机构股东选择监督。由式①变形得 $P(b) < \frac{B_H - c_1/a_2 r}{B_H - B_L} = \frac{B_H - c/a_2^2 Tr}{B_H - B_L}$ ②，由式②可知控股

大股东攫取的控制权私人收益（B_H）越大，公司治理好坏下攫取的私人收益的差距（B_H-B_L）越小，机构股东持股比率（a_2）越高，持股时间（T）越长，机构股东越倾向于监督。

（2）机构股东监督是法制监督的补充机制。从模型的贝叶斯均衡解来看，当惩罚成本 c_2 较小时，若机构股东判断公司治理状况不好的概率 $P(b) < \frac{a_2rB_H-c_1}{a_2r(B_H-B_L)}$①，模型的均衡解为{监督，[攫取、攫取]}，当惩罚成本 c_2 逐渐增大到 $\frac{B_L(1-r)(1-a_1)}{r}$ 但小于 $\frac{B_H(1-r)(1-a_1)}{r}$ 时，机构股东在判断公司治理状况不好的概率 $P(b) < \frac{a_2rB_H-c_1}{a_2rB_H}$③时会选择监督，模型的均衡解为{监督，[攫取、不攫取]}。比较式①与式③可以看出，$\frac{a_2rB_H-c_1}{a_2r(B_H-B_L)} > \frac{a_2rB_H-c_1}{a_2rB_H}$，即机构股东在法律和监管部门对控股大股东“掏空”行为的惩罚力度较小时更倾向于监督，当惩罚力度足够大时，控股大股东不实行“掏空”行为，此时机构股东也无须监督。因此，法制监督越弱，机构监督越积极；法制监督越强，机构监督越不积极。

（3）机构股东监督有效性的发挥依赖于法律制度与监管制度的完善。由上述模型可知，当机构股东选择监督策略时，若控股大股东实行“掏空”行为所受到的惩罚 c_2 较小，即 $c_2<\frac{B_L(1-r)(1-a_1)}{r}$，控股大股东的占优策略是［攫取、攫取］，此时机构股东的监督并不能有效抑制控股大股东的侵害行为，只能减少控股大股东攫取的控制权私人收益，减少的数额为 $\{r[c_2+(1-a_1)B_H], r[c_2+(1-a_1)B_L]\}$；但随着 c_2 的不断增加，控股大股东的占优策略逐渐从完全攫取过渡到公司治理好时攫取，公司治理不好时不攫取，机构股东的监督对控股大股东的侵害行为有一定的抑制作用；当 c_2 达到一定数值，即 $c_2>\frac{B_H(1-r)(1-a_1)}{r}$ 时，控股大股东无论在公司治理好或坏的情况下都不会攫取控制权私人收益。在高昂的惩罚成本下，机构股东的监督对控股大股东构成巨大威胁，能够有效抑制控股大股东的侵害行为。

因此，要充分发挥机构投资者在公司治理中的作用，尤其是发挥监督控股大股东“掏空”行为的作用，首先应不断完善法律与监管制度，创造机构投资者参与公司治理的良好的外部制度环境，其次应促进资本市场与上市公司治理结构的不断发展与完善，继续壮大机构投资者的规模，提高机构股东的持股比率。如在股权分置改革顺利完成限售股逐渐解禁的情况下，修改《证券投资基金法》中有关证券投资基金投资组合的两个10%的限定，适当提高单个上市公司中基金持股比率的限制。最后应加强机构投资者本身的建设，调整机构投资者的结构，鼓励以社保基金为代表的各种合规长期资金进入证券市场。完善内部控制体系与机构经理人的考核体系，转变机构投资者的投资理念。同时不断加强上市公司信息披露管理，促使上市公司披露信息更及时、可靠与完整，提高机构股东对公司治理状况判断的准确性。

第四节　本章小结

本章在分析我国公司治理中主要存在的控股股东对中小股东利益侵害的代理问题的基础上，通过构建机构股东与控股大股东“掏空”行为的不完全信息静态博弈模型，探讨了我国机构股东在第二类委托—代理问题中的作用机理。通过模型均衡解的分析发现：机构股东是否采取监督策略取决于其判断公司治理状况好坏的概率，机构股东持股比率越高、持股时间越长越倾向于选择监督策略。机构股东监督是法制监督的补充机制，其监督有效性的发挥依赖于法律制度与监管制度的健全与完善。同时为促使机构投资者在第二类委托—代理问题中发挥更积极的作用，应加强机构投资者自身建设、调整机构投资者结构、建立机构投资者完善的内部考核机制以及强化上市公司信息披露管理。

第四章　机构股东积极行动的制度背景及案例研究

目前我国机构投资者参与公司治理的现状如何？本章在梳理了我国证券投资基金、券商、社保基金以及 QFII 等机构投资者的发展轨迹以及机构股东参与公司治理的制度变迁后，重点研究了机构股东积极行动的三个案例，并在此基础上评估了我国机构投资者参与公司治理的现状以及机构股东参与公司治理的障碍。

第一节 我国机构股东参与公司治理的制度背景分析

由于各国历史以及现实制度的差异，各国学者对机构投资者的定义千差万别，目前并没有形成统一的观点。Prowse（1992）提出机构投资者不仅包括各种证券中介机构、证券投资基金、投资公司、养老基金、社会保障基金、保险公司，还包括各种私人捐款的基金会、社会慈善机构甚至教堂宗教组织等。英国的菲利普·戴维斯在《机构投资者》一书中将机构投资者定义为：机构投资者是一种特殊的金融机构，代表小投资者的利益，将他们的储蓄集中在一起管理，为了特定目标，在可接受的风险范围和规定的时间内，追求投资收益的最大化。英国的机构投资者主要包括保险公司、养老基金、指数基金和信托投资公司（Stapledon，1996）。美国投资公司协会认为：机构投资者包括信托资产（银行或个人作为受托人、保管人或者监护人）、商业组织（包括公司、退休计划、保险公司和其他金融机构）、非营利性组织和其他机构投资者。我国的万俊毅（2006）基于机构投资者的本质属性是决策人的角度，提出机构投资者是具有高度理性、偏好投资收益、寻求满意投资组合的决策系统。本书认为机构投资者是专业代人理财的金融机构，主要包括证券投资基金、保险公司、社保基金、证券公司、QFII 和企业年金等。下面我们将主要分析这些机构投资者发展的制度轨迹及其参与治理的制度变迁，为后文的研究奠定制度基础。

一、我国机构投资者发展的制度轨迹

1. 证券投资基金

1991 年 10 月，“武汉证券投资基金”和“深圳南山风险投资基金”成立，成为我国最早的一批投资基金。由于对基金认识和理解的不足、监管体制的不顺、法制规范的薄弱等历史原因和市场环境的影响，我国 1992—1997 年批设的 79 只证券投资基金（老基金）普遍存在设立和运作不规范、资产质量差等问题。从 1999 年 3 月起，证监会按照国务院的要求对老基金进行清理规范。截至 2003 年 9 月，全国 79 只老基金中，4 只清盘，75 只清理规范合并为 29 只封闭式证券投资基金，上市扩募后总规模达到 197 亿元。至此，我国的证券投资基金才逐步走上了规范发展的道路。

1997 年 11 月，国务院证券委发布的《证券投资基金管理暂行办法》为我国证券投资基金的规范运作提供了制度依据。1998 年 3 月 23 日，国泰和南方基金管理公司分别设立 20 亿元的封闭式基金“金泰”和“开元”，是我国第一批规范成立的证券投资基金。1998 年共有 5 只新基金面世；1999 年，基金迅速增加到 22 只；2000 年继续快速发展，基金增加到 33 只，总资产达 845.9 亿元；2000 年 10 月 12 日，证监会颁布了《开放式证券投资基金试点办法》，2001 年开始试点。2001 年 9 月，首次推出 2 只开放式基金“华安创新”和“南方稳健”，年末的基金总数增加到 51 只。从 2002 年 7 月开始，我国证券投资基金开始大扩容。2002 年 12 月，首家中外合资基金公司成立，到 2002 年末，我国的基金总数达到 70 只，其中封闭式基金 54 只，开放式基金 16 只，总规模已经超过 1 400 亿基金单位，净值超过 1 340 亿元，基金净值约占 A 股流通市值的 9%。2004 年 6 月 1 日，《中华人民共和国证券投资基金法》的正式实施，确立了证券投资基金在中国资本市场发展中的重要地位。

经过十多年的发展，我国证券投资基金取得了长足的进步。据《中国证券投资基金 2007 年行业统计报告》的数据显示：截至 2007 年 12 月底，我国共有 363 只证券投资基金，资产净值合计 32 754.03 亿元，份额规模合计 22 323.20 亿份。其中，34 只封闭式基金的资产净值为 2 321.44 亿元，329 只开放式基金的资产净值为 30 432.59 亿元，占全部基金资产净值的 92.91%。随着证券投资基金规模的不断扩大，其在稳定市场、倡导价值投资及机构股东的话语权等方面发挥着越来越重要的作用。

2. 保险公司

保险公司及保险资产管理公司都是资本市场重要的机构投资者。我国保险业的发展主要经历了三个阶段：1949—1959 年，中国政府在接管各地的官僚资本保险公司的基础上，在 1949 年 10 月 20 日成立了中国人民保险公司，这是我国保险业发展的第一阶段；其后由于受“左倾”思想的影响，1959—1979 年为保险业发展的停滞时期；1979 年之后，在国家政策的大力扶持下，保险业进入迅速大发展时期。自 1980 年至 2003 年，保费收入从 4.6 亿元增加到 3 880.4 亿元，年平均增长速度约为 35%。2004 年 6 月底，保险公司资产总规模突破万亿大关，而 2007 年末，全国保险收入更是达到了 7 000 亿元。

由于股票市场的高风险性，我国保险资金在 2004 年之前均通过购买证券投资基金产品的方式间接投资于股票市场。随着保险资金运用体制改革的深入以及保险公司在建立保险资金集中管理和资金运用风险内部控制制度中经验的累积，保险资金直接入市的呼声越来越高。2004 年 2 月 1 日，《国务院关于推进资本市场改革开放和稳定发展的若干意见》的出台奠定了保险资金以多种方式直接投资资本市场的基础。同年 4 月，保监会公布了《保险资产管理公司管理暂行规定》，该《规定》确定了保险资产管理公司与保险公司之间的权利义务关系以及受托管理保险资金应遵循的基本规则，使保险公司搭建资金管理运用平台有章可循。5 月，保监会出台了《保险资金运用风险控制指引（试行）》，该《指引》对保险公司和保险资产管理公司建立运营规范、管理高效的保险资金运用风险控制体系，制定完善的保险资金运用风险控制制度提出了具体要求。7 月 31 日，保监会发布通知，允许保险公司投资公司可转换债券，但投资规模不得超过保险公司上月总资产的 20%。10 月 24 日，中国保监会和中国证监会联合发布了《保险机构投资者股票投资管理暂行办法》，至此，保险资金直接入市正式获得批准。保险资金的直接入市符合国际发展经验。

2005 年 2 月 15 日，中国保监会和证监会下发《关于保险机构投资者股票投资交易有关问题的通知》及《保险机构投资者股票投资登记结算业务指南》，明确了保险资金直接投资股票市场涉及的证券账户、交易席位、资金结算、投资比例等问题。2005年2月17日，中国保监会联合中国银监会下发《保险公司股票资产托管指引（试行）》和《关于保险资金股票投资有关问题的通知》，明确了保险资金直接投资股市涉及的资产托管、投资比例、风险监控等问题。保监会的统计数据显示，截至2008年3月底，保险公司可运用的资金余额为2.7万亿，投资于银行存款、债券、股票和证券投资基金的比率分别为26%、49.4%、13.1%和8.3%。在保监会一直强调保险机构应坚持长期价值投资理念的规范下，保险公司无疑会逐步成为公司治理中一支稳定而有力的行动队伍。

3. 社保基金

全国社保基金是自1997年在对养老基金进行改革的基础上于2000年8月正式建立的，由全国社保基金理事会管理运作。它是中央政府集中的社会保障资金，包括社会保险基金和社会保障基金，主要用于弥补今后人口老龄化高峰时期的社会保障需要。目前社保基金主要来源于职工缴纳、企业税后利润留成以及政府财政补贴。全国社保基金自建立以来，资产总额从2001年的805.09亿元增长到

2007 年的 5 000 亿元。

社保基金的投资目的是在保值的基础上获得超额收益，社保基金投资的稳健性要求很高，这一点体现在 2001 年 12 月 31 日中国保监会颁布的《全国社会保障基金投资管理暂行办法》中，在该《办法》中明确规定：单个投资管理人管理的社保基金资产投资于一家企业所发行的证券或单只证券投资基金，不得超过该企业所发行证券或该基金份额的 5%，按成本计算，不得超过其管理的社保基金资产总值的 10%。投资于证券市场权益类资产的总体比例低于债券类资产，前者为 40%，后者为 60%。2003 年 6 月，社保基金与南方、博时、华夏、鹏华、长盛、嘉实 6 家基金管理有限公司签署委托协议，社保基金正式进入股市，直接股权投资达 400 亿元人民币。2006 年 4 月底颁布的《全国社会保障基金境外投资管理暂行规定》启动了社保基金的海外投资。2007 年年报统计数据显示，社保基金当时出现在 100 只股票的前十大非限售股股东中，持股市值为 181. 78 亿元。社保基金正成为中国资本市场一支稳定而长期的投资队伍。

4. 证券公司

1987 年 9 月，经中国人民银行批准，深圳市 12 家金融机构共同出资组成了全国第一家证券公司——深圳经济特区证券公司。此后证券公司急速发展，从1995年的50余家发展到2001年底的130家。但2001年以后，随着证券市场的持续低迷，我国证券公司传统业务模式存在的问题逐渐暴露，证券公司数量太多且规模较小；业务差异不明显且良莠不齐；各证券公司之间缺乏明确的业务分工；部分违规证券公司处于破产状态。针对证券公司发展瓶颈问题，我国证券行业自2005年以后开始了大规模的兼并重组——中小型证券公司及信托投资公司证券业务经整合重组以后形成大型证券公司，大型证券公司经过强强联合形成超大型证券公司，中资与外资证券公司合并为中外合资证券公司，截至2007年，我国证券公司的数量合并为107家，基本适应了我国证券市场发展的需要。

虽然证券公司发展速度很快，但是证券公司并没有成为证券市场的真正主导力量，主要是因为：①证券公司面临的投资约束较多。如1998年的《证券法》中明确规定：综合类证券公司业务包括经纪业务、承销业务、自营业务以及国务院证券监管机构规定的其他业务；经纪类证券公司只允许专门从事证券经纪业务。所有的证券公司，除了经纪类证券公司外，不允许在二级市场上进行证券交易。

2001 年中国证监会在《关于规范证券公司受托投资管理业务的通知》中强调了具有受托投资管理业务的券商的满足条件，其后 2003 年的《证券公司客户资产管理业务试行办法》再次作出规定并对资产管理的业务范围进行了具体规定。②证券公司的融资途径狭窄。如《证券法》中规定：证券公司严禁挪用客户交易结算资金，证券公司的自营业务必须使用自有资金和依法筹集的资金等。证券公司的投资约束与融资限制阻碍了其成为证券市场的主力。虽然 2003 年下半年证监会发布了《证券公司债券管理暂行办法》及其他相关文件，拓宽了证券公司的融资渠道。但 2004 年 4 月，有关部门出台了涉及证券公司国债回购的一系列措施，最终导致证券公司资金面更加紧张。

5. QFII

QFII 即合格的境外投资机构，QFII 机制是外国专业投资机构到境内投资的资格认定制度。2002 年 11 月 8 日，中国证监会与中国人民银行联合发布《合格境外机构投资者境内证券投资管理暂行办法》，QFII 制度试点开始。在该《办法》中规定的累计投资额度上限为 40 亿美元。2005 年 7 月 11 日，QFII 总额度获准增加到 100 亿美元。2007 年底，QFII 总额度扩充到 300 亿美金，总家数达到 49 家，持有的证券资产市场总值达近2 000亿元，已成为我国资本市场的重要机构投资者。

在QFII资格认定的众多条件中，最核心的要求是不能短期炒作，应具有中长期投资的性质。韩国及中国台湾地区等地的经验表明，引入QFII机制后，热衷投资绩优股、重视上市公司分红、关注企业的长远发展的理性投资理念开始盛行，投机行为有所减少，在一定程度上降低了市场的巨幅波动。因此通过引进QFII机制可以促进我国资本市场投资理念的转变和先进投资风险管理技术的应用，提高了我国资本市场的国际影响力，提升了上市公司的治理水平，完善了我国资本市场结构。QFII制度试行5年后，价值投资理念已逐步被我国机构投资者所接受，这将有利于机构投资者逐渐放弃投资的短期行为而热衷于参与公司治理的长期投资行为。

6. 企业年金

企业年金是企业及其职工在依法参加基本养老保险的基础上，自愿建立的补充养老保险制度。国外的经验证明，企业年金是证券市场长期资金的重要组成部分。为建立多层次的养老保险制度，更好地保障企业职工退休后的生活，完善社会保障体系，2003年底，劳动和社会保障部颁布了

《企业年金试行办法》，企业年金制度正式建立。2004 年底企业年金规模达到 500 亿。

2004 年 2 月 23 日，劳动和社会保障部、银监会、证监会和保监会联合发布了《企业年金基金管理试行办法》，在该《办法》中将企业年金基金财产的投资范围限于银行存款、国债和其他具有良好流动性的金融产品，并对投资规模进行了限制，例如，投资股票等权益类产品及投资性保险产品、股票基金的比例，不高于基金净资产的 30%。其中，投资股票的比例不高于基金净资产的 20%；单个投资管理人管理的企业年金基金财产，投资于一家企业所发行的证券或单只证券投资基金，按市场价计算，不得超过该企业所发行证券或该基金份额的 5%；也不得超过其管理的企业年金基金财产总值的 10%。2004 年 11 月 10 日，劳动和社会保障部与证监会联合发布了《关于企业年金基金证券投资有关问题的通知》，企业年金入市正式启动。

虽然我国机构投资者发展的历程较短，但在国家政策的大力支持下，我国机构投资者近年来得到了长足的发展，相关统计数据显示：1998—1999 年间，我国机构投资者仅占沪深两市总流通市值的 20% ~30%。而 2001—2002 年，我国机构投资者的总资产规模约为 1.98 万亿元，其中入市资金的规模为 8 300 亿元左右，约占沪深两市总流通市值（取 2003 年上半年的最高流通市值 1 489 万亿元）的 55.7%[①]。

二、机构股东参与公司治理的制度变迁

1999 年初，为了培育合理的资本市场投资结构，我国证监会提出了“超常规、创造性地培养与发展机构投资者”的政策，为机构投资者的大力发展提供了政策支持，但此时无论是管理层还是理论界却只关注了机构投资者的证券市场功能，而忽视了机构投资者的公司治理功能。2004 年 9 月，国务院为推进与稳步发展资本市场，颁布了“国九条”，其中明确提出要大力发展机构投资者，将机构投资者逐步引入公司的治理结构。此时才从政策上指明了机构投资者参与公司治理的导向。而 2004 年 12 月 7 日，证监会颁布了《关于加强社会公众股股东权益保护的若干规定》，该规定要求上市公司对增发新股、发行可转换债券、向原有股东配售股份、重大资产重组、以股抵债、附属企业境外上市等重大事项进行分类表决，即这些事项的实施不仅

① 类淑志，宫玉松．关于机构投资者的几个问题．经济学动态，2004（6）

要参与股东大会的全体股东表决通过，还要经参加表决的社会公众股股东的半数以上通过。2005 年 4 月 29 日，中国证监会发布了《关于上市公司股权分置改革试点有关问题的通知》，为了保护流通股股东的利益，证监会规定临时股东大会就董事会提交的股权分置改革方案做出决议，必须经参加表决的股东所持表决权的三分之二以上通过，并经参加表决的流通股股东所持表决权的三分之二以上通过。这些政策的颁布制衡了控股股东的权力，增强了机构投资者的话语权，促进了机构股东参与公司治理的活动。2005 年 10 月注重解决公司治理问题的新《公司法》颁布，该法第一百零三条第二款确认了股东提案权以及股东会的自行召集权和主持权，这些权利的确认增强了机构股东参与公司治理的实力。2006 年证监会颁布的《上市公司治理准则》更明确了机构投资者在公司治理中的地位——“机构投资者应在公司董事选任、经营者激励与监督、公司重大决策事项等方面发挥作用”。可以看出，未来我国的机构股东参与公司治理的政策导向是不会改变的，机构股东参与公司治理的政策支持力度将会越来越大，这将有利于我国机构股东更进一步地参与治理活动。

第二节　我国机构股东参与公司治理的案例研究

从上文中可以看出：无论是机构投资者的发展还是机构股东参与公司治理的活动都得到了政策的支持，那么，我国机构股东参与公司治理的现状如何？本节将通过神火股份可转债发行、万科地产公司章程修改以及清华同方、金牛能源股改案的分析来探讨该问题。

一、神火股份可转债发行案例分析

（一）案例背景

我国的机构投资者自20世纪90年代以来在国家政策的鼓舞下得到了迅猛发展，短短十年左右的时间，机构投资者所占流通股的市值已经超过一半以上，随着机构投资者的不断强大，其积极“说话”的意愿越来越强烈，如金鑫基金对方正科技的股权之争，金鑫基金未介入控制权的争夺，但对公司管理层的议案坚决表明了态度，即投了弃权票，中兴通讯发行H股，机构投资者联名上书中国证监会要求慎重处理此问题的决议；招商银行发行可转债，遭到47家基金公司的联合反对，基金联盟提交了《关于否决招商银行发行100亿可转债发行方案的提案》的议案和《关于对招商银行董事会违背公司章程中关于“公平对待所有股东”问题的质询》、《对招商银行本次可转债发行方案合法性的质询》两个质询案等。

2004年12月7日，为了制衡控股股东的权力，提高中小股东的话语权从而保护广大中小股东的利益，证监会颁布了《关于加强社会公众股股东权益保护的若干规定》，该规定要求上市公司对增发新股、发行可转换债券、向原有股东配售股份、重大资产重组、以股抵债、附属企业境外上市等重大事项进行分类表决，即这些事项的实施不仅要参与股东大会的全体股东表决通过，还要经参加表决的社会公众股股东的半数以上通过。分类表决制的推出大大提高了机构股东的话语权，增强了机构股东“用手投票”的威力，自实施以来，打破了上市公司重大决策“一言堂”的局面，上市公司的再融资方案屡遭否决，如重庆百货的增发案、神火股份可转债发行方案、中达股份与方兴科技的配股议案等就是最好的例证。那在分类表决制下，机构股东是否能更积极地行动？是否能够通过与大股东的抗衡保护自身利益以及其他中小股东的利益？本部分将通过分析自分类表决制实行以来第一起可转换债券被机构股东否决的案例——神火股份可转债发行风波，来具体分析机构股东行为的特点及其发挥作用的条件。

（二）案例简介

1. 公司基本面简介

神火股份是河南省重要的煤炭企业，主要产品为特低硫、特低磷、中低灰、高发热量的优质三号无烟煤，现有煤炭地质储量 2.17 亿吨，探明储量为 1.25 亿吨，公司年生产能力为 330 万吨，在煤炭类上市公司中规模偏小。公司在 2002 年 6 月曾经实施过配股方案，共募集资金 2.90 亿元。截至 2004 年 9 月 30 日，公司总资产为 21.09 亿元，净资产为 13.34 亿元，资产负债率 36.71%，货币资金余额为 4.11 亿元，2004 年前三季度的净利润为 2.43 亿元。其 2002 年、2003 年的净资产收益率分别为 25.11% 和 10.66%，2004 年前三季度净资产收益率达到 10.56%，而 1 月 19 日，公司公告 2004 年度净利润将同比增长 100% ~ 150%，因此净资产收益率达到发行可转换债券的要求。目前公司的股权结构中，国有法人股占 30.42%，社会法人股占 33.18%，流通股占 36.40%。2004 年末公司前十大流通股股东全部为机构投资者，具体的持股明细见表 4－1。

表 4－1　神火股份 2004 年末十大流通机构股东持股情况

股东名称	年末持股数量	占流通股比例（%）	占总股本比例（%）
华泰证券有限责任公司	9 132 200	10.04	3.65
汉兴证券投资基金	3 656 850	4.02	1.46
招商先锋证券投资基金	2 997 309	3.29	1.20
巨田基础行业证券投资基金	2 534 364	2.79	1.01
安信证券投资基金	2 426 636	2.67	0.97
招商股票投资基金	2 160 800	2.37	0.86
海富通收益增长证券投资基金	2 010 000	2.21	0.80
国联安德盛小盘精选证券投资基金	2 002 436	2.20	0.80
安顺证券投资基金	2 000 000	2.20	0.80
华安创新证券投资基金	1 687 645	1.85	0.68
十大流通股股东持股合计	30 608 240	33.64	12.23

来源：据《神火股份 2004 年年报》整理。

2. 事件过程回顾

2004 年 12 月 21 日，神火股份董事会公告拟发行不超过 11 亿元的可转换债券，募集资金投向为刘河煤矿开发项目、薛湖矿井及选煤厂项目。2005 年 1 月 21 日，神火股份召开 2005 年第一次临时股东大会对可转债发行提案进行表决，虽然该议案在全体股东大会得到了较高票数的通过，但在社会公众股东分类表决时，由于第一大流通股东华泰证券以及华安基金管理公司旗下的安信、安顺和华安创新三只基金对所有可转债发行事项均投了反对票，该议案未能获得50%以上的社会公众股东票数。方案被否决后，公司管理层积极与机构投资者进行私下沟通，逐步修改了可转债的发行条件，如融资规模从不超过11亿元降至不超过9亿元；配售方式改为全额向流通股股东优先配售，非流通股股东承诺不参与配售；降低转债利率；取消浮息条款；修改特别修正条款等。新的可转债方案最终于2005年5月23日的股东大会上获得了机构投资者的通过。

（三）机构股东与大股东之间的博弈

神火股份可转债发行议案经历的“否决—修改—通过”三阶段反映了机构股东与大股东进行博弈的三个阶段，即机构股东利用分类表决制充分表达自己的意见，战胜大股东的第一阶段；大股东运用自身的控股地位以及“大棒+面包”的策略威胁、利诱机构股东的第二阶段；机构股东出于某种原因被迫妥协的第三阶段。以下将具体通过机构股东的反对理由以及神火股份股价的二级市场表现来分析机构股东积极行为的特点。

1. 机构股东与大股东博弈的第一阶段

(1) 机构股东反对的理由分析。

神火股份于2004年12月21日公告了董事会关于公司

发行11亿元可转换债券的决议，并于2005年1月21日进行了股东大会的表决，在分类表决中，由于第一大流通股股东华泰证券以及华安系的三只基金的反对，神火股份的此次增发行动没有成功。华泰证券反对的理由主要有两点：①神火股份2004年末的净资产为13亿元，而此次发行的可转换债券的规模就达到11亿元，扩张的规模相当于原来资产的一倍，给公司未来的发展带来很大的不确定性，而且筹集资金投资的两个项目的时间跨度也太长，更增加了公司的经营风险。②神火股份2004年末的资产负债率为36%，而2003年一年的经营现金净流入达到3亿元，所以，从公司的规模、资产负债率以及现金流状况来看，公司要扩大规模实施投资项目，不一定要通过股权融资，而可以通过举债的方式来完成。同时，从委托—代理角度分析，采用举债的方式投资项目将让经理层面临直接的还债压力，这更有利于促使管理层审慎地选择项目，有效地经营，减少代理成本。华安基金反对的理由基本与华泰证券一致，他们也认为神火股份在资本扩充时应考虑多种融资方式，不能只依靠股市这个渠道，虽然现在煤炭行业非常景气，但其持续性令人担忧，在这个时候公司进行大规模的投资，过度扩张会带来很大的风险。

(2) 公告期与表决期两个期间公司的股价反应。

本部分将通过考察神火股份可转债发行议案公告日(12 月 23 日）与表决日（1 月 21 日）的股价反应来分析机构股东对该事件的态度，事件发生期的股价反应是通过事件研究法来分析的，事件研究法的步骤如下：

①定义事件检验窗和事件估计窗。

由于考察的两个时期比较接近，本部分将可转债发行议案公告前（-96，-7）作为两个事件的同一估计窗，将神火股份可转债发行议案的公告日（12 月 23 日）和表决日（1 月 21 日）定义为时间0，将公告期（-6，11）与表决期（-5，11）作为事件检验窗。

②根据市场模型来估计预期收益率。

虽然美国的 Brown & Warner（1985）以 NYSE/ASE 的股票日常收益率的数据模拟发现，在事件研究法中用于估计事件日期望收益率的均值调整模型、市场调整模型与市场模型都能取得很好的检验效果，但由于我国是新兴的资本市场，与西方发达国家成熟的资本市场有本质区别，陈信元与汪峰（2005）利用我国 1990—2003 年 A 股市场的数据对三种模型的检验力进行了检验，最终认为市场模型最适合我国资本市场的研究，因此本研究运用市场模型来估计事件窗的期望收益率，即：

$$Y_{it}=\alpha+\beta X_{mt}+\varepsilon_{it}$$

其中 Y_{it} 是股票 i 在第 t 日的收益率，X_{mt} 是市场指数的日收益率，β 是股票 i 的风险系数，即相对于市场收益率的变化幅度。本研究利用 WIND 数据库中提供的神火股份的股价以及深成指数据，通过统计软件 SPSS13.0 得到的估计模型如表 4－2 所示：

表 4－2　神火股份股票预期收益率估计模型系数

	Unstandardized Coefficients		Standardized Coefficients	T	Sig.
	β	Std. Error	β		
(Constant)	0.001	0.002		0.820	0.414
X	0.853	0.122	0.599	6.976	0.000

预期收益率的回归方程为：$\overline{Y}_t=0.001+0.853\ \overline{X}_t$

③累计超额收益率的计算以及显著性检验。

通过实际股票收益率 Y_t 与估计股票收益率 $\overline{Y}_t$ 之间的差额，可以得到每日的超额收益 AR，则累计超额收益率 $CAR(p, q)=\sum_{t=p}^{q}AR_t$，本书计算的公告期（－6，11）与表决期（－5，11）的累计超额收益率如表 4－3 和表 4－4 所示：

表4－3　神火股份可转债发行公告期（－6，11）的*CAR*统计表

窗口	*CAR*	窗口	*CAR*	窗口	*CAR*	窗口	*CAR*
－6	－0.017 369 8	－2	0.000 133 5	2	－0.071 482 1	6	－0.077 579 7
－5	0.008 597 3	－1	－0.027 200 1	3	－0.066 297 2	7	－0.059 119 9
－4	0.006 750 9	0	－0.050 115 4	4	－0.103 538 4	8	－0.053 238 2
－3	0.007 953 7	1	－0.049 800 8	5	－0.068 822	9	－0.071 089
10	－0.095 932	11	－0.090 901 5				

表4－4　神火股份可转债发行表决期（－5，11）的*CAR*统计表

窗口	*CAR*	窗口	*CAR*	窗口	*CAR*	窗口	*CAR*
－5	－0.002 063 7	－1	－0.021 488 1	3	－0.001 796 6	7	0.029 060 9
－4	0.012 709 3	0	－0.047 393 3	4	－0.005 053 1	8	0.042 185 8
－3	0.004 352 8	1	－0.010 430 9	5	0.005 795 1	9	0.016 505 7
－2	－0.023 069 7	2	0.011 511 9	6	0.013 849 3	10	0.021 953 9
						11	0.023 342 5

同时通过SPSS13.0中独立样本的*T*检验，我们检验了公告期和表决期前后*CAR*是否显著不为0，其检验结果如表4－5所示：

表4－5　公告期和表决期累计超额收益率显著性检验

公告期	*CAR*	*T* 值
（－6，0）	－0.010 178 5	－1.202
（1，11）	－0.073 44**	－14.091
表决期	*CAR*	T 值
（－5，0）	－0.012 83	－1.423
（1，11）	0.013 357*	2.826

* 表示在 α 为5%的情况下显著，** 表示在 α 为1%的情况下显著。

④神火股份可转债发行议案公告期与表决期 *CAR* 趋势图。

根据以上计算的公告期与表决期期间每日的 *CAR*，公告期与表决期的 *CAR* 趋势如图4－1与图4－2所示：

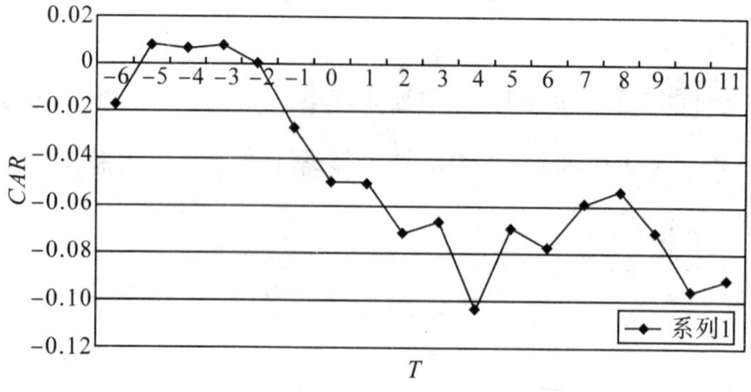

图4－1　神火股份可转债发行公告期（－6，11）*CAR* 趋势图

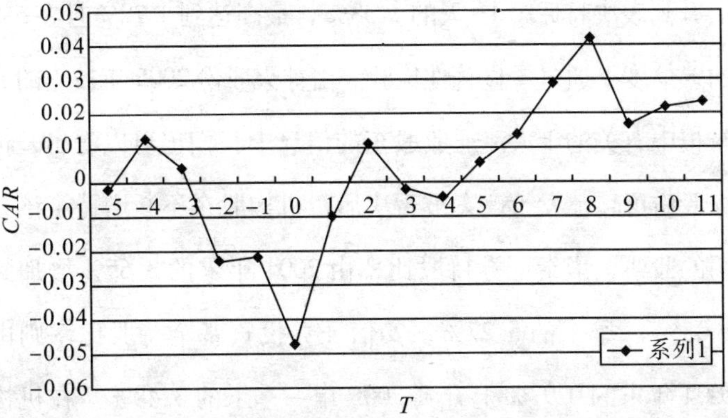

图 4－2　神火股份可转债发行表决期（－5，11）*CAR* 趋势图

从图 4－1 与图 4－2 中我们可以看出：当神火股份在 12 月 21 日的董事会上决议发行 11 亿元的可转换债券时，市场普遍认为这是一个不利的消息，在公告日之后 *CAR* 迅速下降，由公告日之前一天的－2.72%下降到公告日之后 11 天的－9.09%，其中在公告日后第四天达到最小值－10.35%，且公告日后（1，11）的 *CAR* 通过了 1%置信度下的显著性检验，由此可见市场对神火股份发行可转换债券的反对态度，因此当神火股份于 1 月 21 日召开股东大会表决可转换债券发行议案时，该议案没有通过也在预料之中，当机构股东（华泰证券、华安基金）积极利用分类表决制否决该议案后，*CAR* 又有一个明显的回升过程，由表决日后第 1 天的 0.44%

上升到表决日后第11天的2.33%，最高达到4.22%且在5%的置信度下通过了显著性检验。由神火股份2005年披露的一季报中有关的十大流通股股东的信息中我们也可以看出，神火股份可转债发行议案被否决后，机构股东不断增持了该公司的股票，华泰证券持股比率由2004年末的3.65%增加到2005年一季末的5.27%，安信证券投资基金持股比率则由2004年末的0.97%上升到2005年一季末的3.48%。在机构股东与神火股份大股东博弈的第一阶段，机构股东充分利用“用手投票”的方式维护了自身的利益，同时也保护了广大中小股东的利益。

2. 机构股东与大股东博弈的第二阶段

针对机构股东提出的反对理由，神火股份董事会认为虽然从短期来看公司再融资后的一两年内每股收益会受到一定的影响，但从公司的长远发展来看，公司的可转债发行完全符合公司的战略目标。他们指责机构投资者过分注重公司的短期收益和股价表现，而忽视了公司的长期利益。可转债发行方案1月被机构股东否决之后，神火公司2月份披露的2004年报便给投资者“还以颜色”：尽管净利润翻番增长，每股收益高达1.382元，但其董事会却决定“不分红，不转增”。神火股份自1999年上市以来的盈利与分红状况如表 4 – 6 所示：

表 4 – 6　神火股份 2000—2007 年股利分配情况

年份	每股净资产	每股收益	每股经营现金流	每股派息（税前）	每股派息（税后）
2007	3.856	1.252	2.63	0.2	0.18
2006	3.708	0.842	0.905 6	0.4	0.36
2005	3.09	0.95	0.449 4	0.2	0.18
2004	5.738	1.382	1.608 6	0	0
2003	4.644	0.644 9	1.233 9	0.28	0.224
2002	4.273	0.507 8	1.004 2	0.4	0.32
2001	3.356 2	0.42	0.708 1	0.28	0.224
2000	3.478	0.383 2	0.421 7	0.4	0.32

来源：根据 WIND 数据库中神火股份的深度资料整理。

从上表中，我们可以更清楚地看出：神火股份自上市以来除 2004 年没有分红派息外，其他年份都进行了利润分配，而且从上市以来，神火公司 2004 年的业绩是最好的，其 2004 年充足的经营现金流（1.6086/股）也可以保证公司支付现金股利的能力，但唯独盈利状况与现金流状况最好的 2004 年没有分配股利，不得不让人怀疑这是对机构股东反对的惩罚。可转债发行议案被否决后，一方面公司高管作出不分红、不转增的决定，另一方面公司高层积极与机构股东进行私下沟通，神火股份的董事长 1 月初亲自上门拜访了 11 家机构投资者，并根据机构股东的意见对可转换债券的发行条件进行了一定的修改，在神火股份“大棒 + 面包”的策略下，机构股东最终于2005年的第一次股东大会上通过了可转债发行修改案，神火公司的控股大股东如愿以偿。

3. 机构股东与大股东博弈的第三阶段

机构股东迫于神火股份大股东的压力，最终选择放弃抵抗，可转债发行议案顺利通过，但可转债发行修改案通过投票后，从该股票二级市场的股价反应来看，机构股东虽然放弃了“用手投票”的权利，但却使用了“用脚投票”的对抗。遵循上部分事件研究法的研究思路，本部分利用神火股份可转债发行修改案表决日（12月23日）前（-57，-9）的49个数据估计了表决期间（-9，18）的 *CAR*，具体的估计数据如下：

（1）神火股份预期收益率模型如表4-7所示：

表4-7　神火股份股票预期收益率估计模型

	Unstandardized Coefficients		Standardized Coefficients	*T*	Sig.
	β	Std. Error	β		
(Constant)	-0.001	0.003		-0.380	0.706
X	0.721	0.197	0.474	3.651	0.001

$$\overline{Y}_t = -0.001 + 0.721\ \overline{X}_t$$

（2）累计超额收益率的计算以及显著性检验。

表 4-8　可转债修改案表决期（-9，18）的 *CAR*

窗口	*CAR*	窗口	*CAR*	窗口	*CAR*	窗口	*CAR*
-9	-0.006 957 4	-2	-0.040 810 8	5	-0.013 856 9	12	-0.060 642 2
-8	0.018 498 2	-1	-0.020 114 3	6	-0.011 632 2	13	-0.045 506 1
-7	0.017 754	0	-0.004 236 1	7	-0.035 886 9	14	-0.086 224 6
-6	0.036 278 9	1	-0.010 497	8	-0.072 147 7	15	-0.087 120 3
-5	-0.028 329 4	2	-0.038 633 3	9	-0.075 422 3	16	-0.082 075 5
-4	-0.042 639 4	3	-0.049 013 1	10	-0.089 250 3	17	-0.110 223 3
-3	-0.036 619 2	4	-0.028 259 1	11	-0.101 301 5	18	-0.113 106

通过 SPSS13.0 中独立样本的 *T* 检验，我们检验了公告期前后 *CAR* 是否显著不为 0，其检验结果如表 4-9 所示：

表 4-9　公告期累计超额收益率显著性检验

窗口期	*CAR*	*T* 值
（-9，-6）	0.016 393	1.845
（-5，0）	-0.028 79*	-4.808
（1，18）	-0.061 71**	-7.742

* 表示 *CAR* 通过 5% 置信度下的显著性检验，** 表示 *CAR* 通过 1% 置信度下的显著性检验。

（3）神火股份可转换债券发行修改案表决期（-9，

18）*CAR* 趋势图。

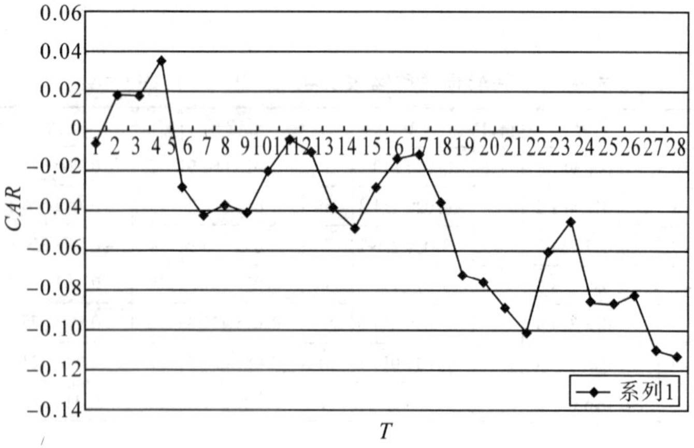

图 4-3　表决期（-9，18）*CAR* 趋势图

从图 4-3 中可知，在神火股份可转债发行修改案表决之前第 5 个交易日开始，累计超额收益率突然由 3.63% 转变为 -2.83%，即市场在事件公告之前就表达了对神火股份发行可转债的不满，而在可转债修改案通过后，神火股份的累计超额收益率一直为负且呈现逐级下降的趋势，表明市场一直对神火股份发行可转换债券持否定的态度，虽然在神火股份可转债发行修改案的表决中，原先强力反对的华泰证券和华安基金改变了态度，但从神火股票二级市场的股价反应来看，在可转债修改案通过之前的第 5 个交易日内，神火股份就遭到了市场的抛售，同时从神火股份 2005 年一季报、中报以及三季报中披露的有关十大流通股股东的信息中，我们可以明显看到第一大流通股股东华泰证券在可转换债券修改案表决通过后一直在减持神火股份的股票，其持股比率由 2005 年一季末的 5.27% 减少到二季末的 3.26%，而在三季末的十大流通股股东名单中已经无法找到华泰证券的身影，这说明虽然在神火股份“大棒 + 面包”的策略公关下，第一大流通股股东华泰证券赞成了可转换债券的发行，但从修改案通过后华泰证券持股比率的变化来看，华泰证券一直没有真正改变过自己的态度，只是在迫于某种压力无法通过“用手投票”的方式来表达自己意见的情况下，只能通过“用脚投票”的方式来表达自己的意见。在整个博弈过程中，机构股东虽然利用分类表决制与大股东进行了抗衡，但最终“胳膊拧不过大腿”，神火股份的可转债发行议案还是顺利通过，而机构股东只能通过在二级市场抛售股票来发泄自己的不满。

（四）案例总结

(1) 机构投资者已经具备积极行动的意识与能力。分类表决制增强了股东的话语权，机构投资者较之中小股东的资金、信息以及专业、责任心等各方面的优势，促使其在公司做出重大的战略决策与经营策略时，能积极参与并充分利用分类表决制赋予的话语权。《河南神火煤电股份有限公司2005年第一次临时股东大会决议公告》显示：出席临时股东大会的股东及代理人共317人，代表股份共201 489 263股，占公司股份总额的80.6%。其中，参加股东大会的社会公众股股东及代理人共313人，代表股份共42 489 263股，占公司股份总额的17%，占流通股总额的46.69%。而由表4－1中的2004年末神火股份的十大流通股股东明细资料可知：神火股份前十大流通股股东均为机构投资者，且其合计占有的流通股股份总额为33.64%，而中小股东的“搭便车”行为导致参与表决的中小股东人数很少，仅占流通股总额的13.05%，因此与大股东抗衡的重任只能落在机构投资者身上。第一大流通股股东华泰证券以及华安基金的反对导致神火股份发行可转换债券的“流产”，也充分证明了机构股东的力量。

（2）机构投资者行动方式较单一。在整个事件中，机构投资者采取行动的方式有使用投票权、私下协商和在二级市场抛售股票，而西方证券市场的机构投资者采取积极行动的方式有发送解释函、私下协商、行使投票权、公开建议、曝光劣迹公司、征集委托—代理权、提交股东议案、机构股东联合、提起股东诉讼，甚至直接进入董事会影响公司的经营决策与策略。相比较而言，虽然机构股东在神火事件中采用了一定的方式，但都属于单独行动，从整个博弈过程中我们并没有发现机构与机构之间的联合作战，如果本事件中机构股东采取行动的方式能够更多样化些，或许最终可以抵制大股东的可转债的发行，而不是消极地在二级市场抛售股票。

（3）制度设计在引导机构股东发挥积极作用从而真正保护中小股东的利益方面至关重要。在整个事件中，机构股东具备参与公司治理的意愿以及与大股东抗衡的能力，但最终还是在大股东“大棒 + 面包”的策略下妥协，如何通过相关制度的建设与完善，合理地引导机构股东，增强机构股东的责任感，真正发挥制衡大股东权力、保护中小股东的利益的作用是目前值得探讨的问题。

二、万科地产公司章程修改案例分析

（一）案例背景

在方正科技股权之争、中兴通讯 H 股发行以及招商银行、神火股份可转债发行等一系列事件发生之后，机构投资者积极“说话”的意愿越来越强烈，而伊利股份绕过独立董事违规投资国债以及深圳机场总经理骗贷事件更让机构投资者意识到，完善的公司治理结构，是保证管理层根据公司股东和利益相关者的最佳利益行事的必要手段，更是机构投资者判断上市公司投资价值的重要依据，有必要增强干预公司治理的能力。在此观念引导下，博时基金的表现尤为突出，其在招商地产和上海汽车2004年股东大会上，对独立董事履行职责的情况格外关注，并对上市公司与股东沟通的有效性提出质疑。越来越多的事实表明我国的机构投资者已经非常关注投资公司的治理状况，尤其是2005年万科地产公司章程修改案更显示了机构投资者参与公司治理的欲望与实力，下面将通过具体分析该事件来研究我国机构投资者参与公司治理的现状以及参与过程中呈现的特点。

（二）案例简介

1. 公司简介

万科企业股份有限公司在1988年11月1日经深圳市人民政府批准，由深圳现代企业公司改组成立，以房地产为核心业务，是中国内地首批公开上市的企业之一。1988年12月，公司公开向社会发行股票2 800万股，集资人民币2 800万元。1991年1月29日，公司的A股在深圳证券交易所挂牌交易。1991 年 6 月，公司通过配售和定向发行新股 2 836 万股，集资人民币 1. 27 亿元，公司开始了跨地域房地产业务的发展。1992 年底，上海万科城市花园项目正式启动，大众住宅项目的开发被确定为万科的核心业务，万科开始进行业务调整。1993 年 5 月 28 日，公司 B 股正式在深交所挂牌上市，随着房地产市场的不断升温，万科的资产及经营规模迅速扩大，截至 2007 年 12 月 31 日，万科股份的总资产达到 100 多亿，公司净利润达 5 亿多元，长江三角洲、珠江三角洲以及环渤海地区成为万科地产的重点发展区域，无论从公司的盈利状况还是公司的治理状况以及市场价值等方面衡量，万科已经处于行业的领头羊地位，是众多机构投资者以及广大散户追捧的优秀的上市公司之一。

2. 事件具体描述

2005 年 3 月 30 日，万科董事会发表关于修改《公司章程》的决议公告，在该公告中万科股份对原《公司章程》中的“股东与股东大会、董事会以及财务会计制度、利润分配和审计”等章节的内容提出修改意见，其中，为控制投资风险，董事会决定将原《公司章程》中“董事会职责”这一条的“在股东大会授权范围内决定公司的风险投资、资产抵押及其他担保事项”修改为“在股东大会授权范围内，决定公司的风险投资、资产抵押及担保事项。对外担保（对外单位和非控股子公司提供担保）应当取得董事会全体成员三分之二以上签署同意。公司单次对外担保金额不得超过公司总资产的10%，为单一对象对外担保金额累计不得超过公司总资产的20%，累计对外担保总额不得超过公司总资产的50%。超过以上限额提供对外担保须经股东大会批准。为控股子公司和公司客户按揭提供担保不受上述限额限制，由董事会审议决定”。2005年4月29日，在万科2004年度股东大会上，华夏、博时、南方三大基金管理公司出于严格控制公司风险的考虑，联手针对风险投资、资产抵押及其他担保事项的修订提出一项修改提案，要求原来以总资产为基数的比例限制统一改为以净资产为基数的比例约束，同时对公司为非关联外单位提供担保或互保则作出更苛刻的规定，要求累计金额不得超过公司净资产的5%，该修改提案最终获得与会大多数股东的认可。

（三）机构投资者的背景及其行动特点分析

1. 机构投资者持股比率分析

根据 WIND 咨询中提供的万科股份 2004 年机构投资者持股的统计数据，南方、华夏与博时基金管理公司旗下的基金在万科的持股明细如表 4－10 所示：

表 4－10 南方、华夏与博时的持股明细表

机构股东名称	持股数量（股）	占流通 A 股比例（%）	所属公司
天元证券投资基金	19 579 777	1.24	南方
南方避险增值基金	15 379 060	0.98	南方
南方稳健成长证券投资基金	14 639 494	0.93	南方
开元证券投资基金	4 056 277	0.26	南方
南方积极配置证券投资基金	3 265 350	0.21	南方
隆元证券投资基金	2 624 263	0.17	南方
南方宝元债券型基金	972 294	0.06	南方
华夏回报证券投资基金	45 911 580	2.91	华夏
华夏成长证券投资基金	42 000 959	2.66	华夏
兴华证券投资基金	31 120 441	1.97	华夏
兴和证券投资基金	22 140 729	1.40	华夏
华夏大盘精选证券投资基金	5 504 958	0.35	华夏
华夏平稳增长混合型证券投资基金	3 900 066	0.25	华夏
兴安证券投资基金	3 769 363	0.24	华夏
华夏蓝筹核心混合型证券投资基金	2 870 107	0.18	华夏
博时价值增长证券投资基金	31 200 000	1.98	博时
博时裕富证券投资基金	14 575 016	0.92	博时

（续上表）

机构股东名称	持股数量（股）	占流通A股比例（%）	所属公司
博时第三产业成长股票证券投资基金	13 500 000	0.86	博时
裕阳证券投资基金	12 525 302	0.79	博时
博时精选股票证券投资基金	4 468 182	0.28	博时
博时新兴成长股票型证券投资基金	2 800 000	0.18	博时

从表4-10中可以看出，南方旗下的7只基金共持有3.85%的万科股份、博时旗下的6只基金共持有万科股份的5.01%，而华夏旗下的8只基金持股数达到9.96%，另据万科披露的十大流通股股东资料显示：华夏基金中的三只基金——华夏回报证券投资基金、华夏成长证券投资基金、兴华证券投资基金以及博时基金中的博时价值增长证券投资基金都进入了万科股份十大流通股股东名单。可见三大机构投资者的持股比率比较高，在如此高的持股比率下，机构投资者“用脚投票”的成本会较高，注重价值投资必然是他们的明智选择，公司治理状况的好坏直接影响公司的长期价值，为最大化自身利益，机构投资者必然非常重视公司的风险控制，因此，当万科股份要修改涉及公司投资风险的公司章程时，机构投资者基于自身的专业知识采取了积极的行动，有效控制了公司的风险，有利于公司长期价值的增长。

2. 机构投资者背景分析

2004 年万科股份十大流通股股东资料如表 4－11 所示：

表 4－11　万科股份 2004 年十大流通股股东明细表

股东名称	持股数量（股）	占总股本比例（%）
华润股份有限公司	58 856 922	3. 03
CREDIT LYONNAIS SECURITIES（ASIA）LTD.	51 220 584	2. 64
华夏回报证券投资基金	45 911 580	2. 36
中信经典配置证券投资基金	45 867 792	2. 36
华夏成长证券投资基金	42 000 959	2. 16
TOYO SECURITIES ASIA LITMITED－A/C CLIENT	38 144 600	1. 96
博时价值增长证券投资基金	31 200 000	1. 61
兴华证券投资基金	31 120 441	1. 60
内藤证券株式会社	24 170 313	1. 24
长盛动态精选证券投资基金	24 070 686	1. 24

来源：据《万科股份 2004 年年报》整理。

从表 4－11 中可以看出，万科股份十大流通股股东除了华夏、博时基金之外，还有其他的基金公司如中信基金管理公司、长盛基金管理公司等，而只有华夏、博时与南方基金管理公司采取了积极的行动，这可能与基金公司的背景有关：博时基金管理有限公司成立于 1998 年 7 月 13 日，是中国内地首批成立的五家基金管理公司之一。注册资本 1 亿元，“做投资价值的发现者”是博时公司的投资理念，该公司强调以内部研究为基础的基本面分析，持续挖掘业绩稳定增长、有核心竞争力、有成长潜力的上市公司；华夏基金管理公司成立于1998年4月9日，是经中国证监会批准成立的首批全国性基金管理公司之一，公司崇尚“研究创造价值”的投资理念，建立了科学的投资决策和风险控制体系。公司拥有一批高素质的专业人才，在宏观经济、行业与上市公司、金融工程、风险控制等方面形成了专业化分工的研究体系，并于2000年4月17日经国家人事部批准设立我国基金业第一家博士后工作站；南方基金管理公司成立于1998年3月，是国家特许经营的特大型金融机构，注册资本1亿元，是独立运作从事基金发起设立和管理的专业公司。南方公司秉承的投资理念是：所有投资基于充分的调查研究，着眼于投资对象的业绩和成长性，注重发掘公司潜在价值，崇尚理性和中长期投资。公司现有员工115人，其中硕士以上学历占65%，有近70%的员工有5年以上的证券从业经验，20%的员工有在海外学习和工作的经历，为公司的发展和规范运作带来了先进的经验和观念。2002年12月，南方、博时、华夏入选首批社保基金管理人。从背景来看，这三家公司是证监会首批批准成立的基金公司，且管理的资产规模巨大，经营业绩优良，内部运作机制完善，同时在三家公司的投资理念中我们都能找到价值投资的理念。因此，在价值投资理念的指导下，资金实力强大、内部机制完善、拥有高素质人才的机构投资者更倾向于积极行动。

3. 机构投资者行动特点分析

从万科地产公司章程修改风波中，我们可以看出机构投资者的积极行动表现出与神火案例不同的特点：①机构投资者行动方式的转变。在神火股份可转债发行案例中，主要是由华泰证券这一单独的机构投资者采取的行动，机构投资者的力量比较薄弱；而在万科地产公司章程修改案例中，华夏、博时与南方基金管理公司采取了联合行动的方式，机构的话语权大大增强。②机构投资者参与公司治理层次的深入。在神火案例中，机构投资者主要是针对公司外部筹资行为——发行可转换债券的决议发表意见，并没有关注公司的内部控制制度与内部治理状况，参与公司治理的层次较低；而在万科案例中，机构投资者关注的是公司内部控制风险，针对公司的投资风险的控制提出合理的建议，关注公司治理的层面明显加深。③机构投资者参与公司治理途径的多样性。在神火案例中，机构投资者参与公司治理的方式主要是行使股东投票权，华泰证券利用股东投票权否决了神火股份可转债的发行，股东投票权是机构投资者参与公司治理的有效方式之一，尤其是在实行分类表决制之后，这一方式的效率明显提高，但仅仅利用股东投票权的方式太单一，国外的大量实践证明：提交股东议案、曝光劣迹公司、征集委托—代理权、公开建议、提起股东诉讼等方式也是机构投资者参与公司治理的有效方式。在万科地产公司章程修改案中，机构投资者不仅使用了股东投票权，还基于自身的专业知识，提出了有利于控制公司投资风险的新的提议，有利于公司长期价值的提升，提交股东议案成为我国机构投资者参与公司治理的有效途径。

（四）案例总结

随着我国机构投资者拥有资产规模的扩大、投资理念的转变，机构投资者无论从参与公司治理的途径、方式还是参与层次上都有一定的深入。在万科地产公司章程修改案例中，虽然万科公司属于公司治理状况不错的房地产龙头企业，但机构投资者仍然对其治理状况十分关注，不但通过行使股东投票权来参与一般性的公司治理，还联合起来通过提交股东议案的方式，对公司治理的深层问题——内部投资风险的控制提出专业性的意见，可见基金等机构投资者目前非常关注所投资企业的治理状况，已经由被动的“用脚投票”的投资者向积极的“用手投票”的投资者转变，且对公司治理的干预程度逐步加深，从一般性的涉及股东、董事、关联交易、信息披露等方面，开始转向监察公司内部执行与控制风险等方面。

三、清华同方、金牛能源股改案例分析

（一）案例背景

2005 年 4 月 29 日，中国证监会发布了《关于上市公司股权分置改革试点有关问题的通知》，标志着股权分置改革试点工作正式启动。5 月 9 日，首批四家试点公司（三一重工、紫江企业、清华同方、金牛能源）发出进行股权分置改革的公告，并先后推出了存量改革试点方案。为了保护流通股股东的利益，证监会规定临时股东大会就董事会提交的股权分置改革方案作出决议，必须经参加表决的股东所持表决权的三分之二以上通过，并经参加表决的流通股股东所持表决权的三分之二以上通过，因此，流通股股东对于股权分置方案具有否决权，其态度十分重要。而在流通股股东中机构投资者占据了重要的地位，基本掌握了上市公司对价方案的生杀大权，那么在股权分置改革中，

机构投资者是否能够发挥自身优势，与大股东抗衡，提高对价支付方案，从而保护中小股东的利益？下面将通过比较清华同方与金牛能源对价方案中机构投资者的表现，来分析机构投资者在股改中发挥的作用。

（二）股改过程回顾

2005 年 5 月 11 日，清华同方董事会通过股权分置改革方案，同意以现有总股本 5.75 亿股为基数，向方案实施股权登记日登记在册的全体股东每 10 股转增 4.751 560 股，清华控股有限公司、泰豪集团有限公司、北京实创高科技发展总公司、北京沃斯太酒店设备安装公司、北京首都创业集团有限公司等五家持有 3.02 亿股的非流通股股东以向方案实施股权登记日登记在册的 2.73 亿流通股股东支付可获得的转增股份，使流通股股东实际获得每 10 股转增 10 股的股份，作为非流通股获得流通权的对价（相当于流通股股东每 10 股获得 3.56 股的对价），并于 2005 年 6 月 10 日召开临时股东大会，审议该事项，由于此前清华同方的增发导致流通股股东的持股成本较高，在该股东大会的表决上，对价方案遭到流通股股东的强烈反对，最终因流通股股东的赞成率为 61.91%，未达到社会公众股的 2/3，清华同方的股改方案被否决。同年 12 月 23 日，清华同方公布新的股改方案，将原来10股送3.56股的对价水平提高到10股送3.8股，且采用直接送股的方式，新方案比目前市场平均对价水平3.23高出了约17.6%。最终获得了流通股股东的支持。

2005年5月13日，金牛能源推出股权分置改革方案，其董事会决定由金牛能源唯一的非流通股股东邢台矿业集团拟向方案实施股权登记日登记在册的流通股股东每10股支付2.5股股票，同时大股东邢台矿业集团承诺：其所持股份自获得上市流通权之日起，至少在18个月内不上市交易或转让；在前项承诺期期满后，通过证券交易所挂牌交易出售的股份占金牛能源股份总数的比例在18个月内不超过5%。金牛能源的对价方案获得了流通股股东81%的支持率，股改方案一次性顺利通过股东大会的表决。

（三）对价方案支持率差异分析

对比清华同方与金牛能源的股改方案，无论是从非流通股股东支付的“对价量”还是从A股的含权系数来看，清华同方的股改方案都优于金牛能源，但两家流通股股东的态度却截然相反，通过2005年清华同方与金牛能源的一季报中对流通股股东明细的披露我们发现，清华同方前十大流通股股东共持有1 523.426 2万股，而金牛能源前十大流通股股东持股达3 247.71万股，占总股本的7.45%，但占流通股比例约三成。清华同方的中小投资者的持股比率远高于金牛能源。同时从两家公司股改方案的表决公告中我们也发现，在清华同方的股东大会上，持有同方股票的基金基本投了赞成票。而大量散户投反对票，从而未获通过。而金牛能源的股东大会上，决定对价方案是否能通过的机构投资者竟缺席。主要是因为公司此前与机构投资者沟通良好，已得到了他们投赞成票的保证。因此，清华同方较高的对价支付率是由于中小股东的强烈反对而流产，金牛能源较低的对价支付率却因为机构投资者的支持而顺利通过，机构投资者在股改过程中究竟发挥了怎样的作用？以下通过股改期间两家公司的股价反应来研究该问题。

（四）股改期间股价反应比较

金牛能源的低对价支付率虽然损害了流通股股东的利益，但却获得了理性的机构投资者的鼎力支持，从这一矛盾的现象中可以推测：在股改过程中，机构投资者肯定通过某种隐蔽渠道获得了中小股东无法获得的私有收益，在此私有收益的补偿下，机构投资者才可能接受这种表面上不公平的对价支付方案，而机构投资者获得私有收益的途径可能包括：①上市公司支付给具备保荐资格的机构一笔

“保荐费用”，保荐机构可以利用这笔活动经费进行委托投票权的征集。②上市公司与机构投资者之间可能存在业务往来，如保险公司与上市公司之间往往存在利益关系，这样上市公司可以通过正常的业务交往将利益转移给机构投资者。③上市公司将其掌握的公司财务、经营信息或相关的对证券价格有影响的重大决策信息提前透露给机构投资者，从而使机构投资者可以利用内幕信息在证券市场买卖股票而获得超额收益。在这三种途径中，机构投资者与非流通股股东之间的内幕交易是最常用的合谋途径，因此本部分将利用事件研究法，通过对比清华同方与金牛能源在对价方案公布期间的股价反应，来验证股改期间金牛能源的机构股东与非流通股股东之间是否存在合谋行为。研究的思路为：如果股改中存在信息泄漏而导致内幕交易和市场操纵，市场就会对该重大信息提前反应，在股权分置改革事件披露之前，股票价格会出现异常波动，而在披露日前后，市场反而不会出现大幅度明显的反应。如果股改过程中不存在信息泄露，则在该事件披露之前，公司的股票价格不会出现异常变动。事件研究法的过程在神火股份的案例中已充分说明，本部分不再赘述，将实证研究结果列示如下：

1. 金牛能源的股价反应

定义金牛能源股权分置改革对价支付方案宣告日（5月13日）为时间0，以宣告日前（-105，-32）为估计窗口期，考察股权分置改革对价方案宣告日前（-33，0）与宣告日后（1，15）期间的股价反应。

根据WIND咨询提供的相关金牛能源股价以及深成指，利用SPSS软件得到的估计收益率的回归模型如表4-12所示：

表4-12　金牛能源股票预期收益率估计模型系数

	Unstandardized Coefficients		Standardized Coefficients	T	Sig.
	β	Std. Error	β		
(Constant)	.002	.002		.833	.407
X	.968	.159	.552	6.072	.000

由表4-12可知，金牛能源预期收益率的估计回归方程为：

$$Y=0.002+0.968X$$

考察期间（-33，15）的 *CAR* 数据以及 *CAR* 趋势图如表4-13和图4-4所示：

表4-13　金牛能源考察期（-33，15）*CAR*统计表

窗口	*CAR*	窗口	*CAR*	窗口	*CAR*	窗口	*CAR*
-33	0.023 148	-20	0.092 777	-7	0.080 734	6	0.013 519
-32	0.015 352	-19	0.068 606	-6	0.090 848	7	-0.009 93
-31	0.025 938	-18	0.083 219	-5	0.095 491	8	-0.015 9
-30	0.023 672	-17	0.077 23	-4	0.131 874	9	0.015 233
-29	0.013 657	-16	0.083 43	-3	0.118 226	10	-0.008 67
-28	0.032 336	-15	0.098 475	-2	0.137 485	11	-0.006 57
-27	0.054 087	-14	0.119 342	-1	0.158 006	12	-0.015 16
-26	0.023 511	-13	0.090 067	0	0.159 075	13	-0.065 06
-25	0.120 615	-12	0.091 616	1	0.108 977	14	-0.018 05
-24	0.100 822	-11	0.119 146	2	0.077 362	15	-0.046 98
-23	0.073 318	-10	0.126 393	3	0.037 434		
-22	0.117 318	-9	0.106 223	4	0.030 56		
-21	0.092 838	-8	0.054 808	5	0.047 319		

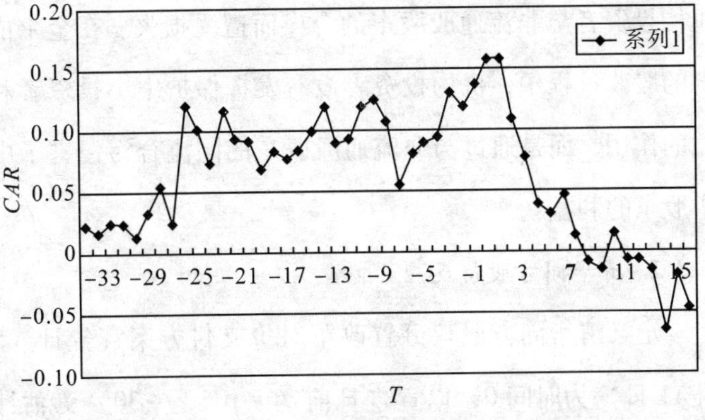

图4-4　金牛能源对价方案宣告期（-33，15）*CAR*趋势图

从图4－4中可以看出，在金牛能源宣布对价方案之前，该股票产生了正的超额收益，并且利用SPSS中独立样本的均值检验，公告前（－33，0）*CAR*的*T*值为13.041，*CAR*显著为正，而公告后（1，15）*CAR*的*T*值为0.818，*CAR*不显著。因此，在金牛能源股改过程中存在信息泄露现象，在对价方案公布之前，机构投资者利用内幕信息已经提前买入股票，导致股票价格上涨，获得了显著的超额收益，而当股改信息公布后，机构投资者则逐步将获利的股票卖出，表现为超额收益的逐渐减少，因此，机构投资者在金牛能源提出的低对价方案中被损害的利益通过内幕交易获得了补偿，而广大的中小流通股股东在股改中由于机构投资者与非流通股股东的合谋而遭受损失。在金牛能源的股改过程中，机构投资者没有发挥保护中小投资者利益的作用，而是通过与非流通股股东的同流合污侵害了中小股东的利益。

2. 清华同方股价反应

定义清华同方股权分置改革对价支付方案宣告日（5月11日）为时间0，以宣告日前（－105，－30）为估计窗口期，考察股权分置改革对价方案宣告日前（－30，0）与宣告日后（1，15）期间的股价反应。

根据 WIND 咨询提供的相关清华同方股价以及上综指，得到的估计收益率的回归模型如表 4－14 所示：

表 4－14　清华同方股票预期收益率估计模型系数

	Unstandardized Coefficients		Standardized Coefficients	T	Sig.
	β	Std. Error	β		
(Constant)	.000	.001		-.349	.728
X	1.110	.113	.756	9.805	.000

由表 4－14 可知，清华同方预期收益率的回归方程为：$Y = 1.11X$

清华同方在考察期（－30，15）内的 *CAR* 数据以及趋势图如表 4－15 和图 4－5 所示：

表 4－15　清华同方考察期（－30，15）*CAR* 统计表

窗口	*CAR*	窗口	*CAR*	窗口	*CAR*	窗口	*CAR*
－30	－0.024 72	－18	－0.146 51	－6	－0.163 63	6	－0.130 69
－29	－0.115 26	－17	－0.152 72	－5	－0.141 4	7	－0.127 08
－28	－0.117 25	－16	－0.123 48	－4	－0.160 67	8	－0.122 88
－27	－0.137 4	－15	－0.146 65	－3	－0.168 92	9	－0.121 11
－26	－0.152 39	－14	－0.150 35	－2	－0.181 42	10	－0.116 19
－25	－0.167 56	－13	－0.162 25	－1	－0.174 3	11	－0.102 46
－24	－0.131 34	－12	－0.172 65	0	－0.178 94	12	－0.101 69

（续上表）

窗口	CAR	窗口	CAR	窗口	CAR	窗口	CAR
-23	-0.102 62	-11	-0.161 18	1	-0.167 9	13	-0.109 67
-22	-0.108 54	-10	-0.169 3	2	-0.157 66	14	-0.127 92
-21	-0.127 12	-9	-0.164 34	3	-0.141 45	15	-0.107 44
-20	-0.150 78	-8	-0.173 27	4	-0.137 24		
-19	-0.155 93	-7	-0.170 02	5	-0.138 48		

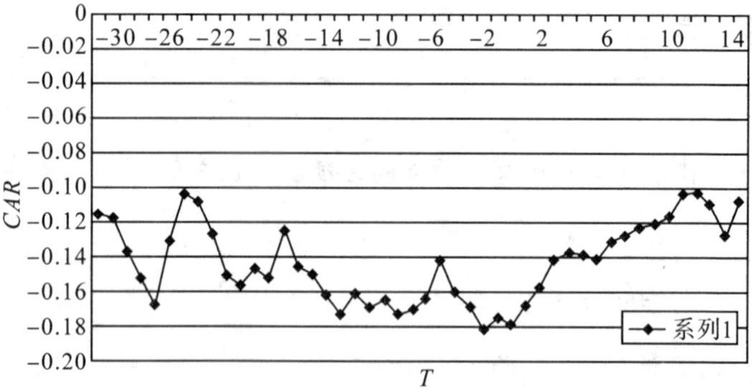

图 4-5　清华同方对价方案宣告期（-30，15）*CAR* 趋势图

从图 4-5 中可以看出：清华同方在对价支付方案宣告前后，股票价格没有发生异常变动，在方案宣告之前也不存在正的超额收益，当对价方案由于流通股股东反对而流产后，*CAR* 有一个小幅的上升趋势，市场视对价方案的否定为利好消息，中小流通股股东利用分类表决制保护了自身的利益。通过与金牛能源案例进行比较分析，可以看出，在股改过程中，如果公司流通股股东中中小股东的比例较高，中小股东可以利用分类表决制充分发表自己的意见，在与非流通股股东抗衡中获得比较合理的补偿方案，而如果流通股股东中机构投资者的比例较高，由于机构投资者与非流通股股东之间的合谋行为，中小流通股股东的利益反而得不到保护，只能获得较低的对价补偿。

（五）案例总结

在股权分置改革中，机构投资者强大的资金实力是与非流通股股东谈判的重要砝码，人们期望机构投资者能够通过与非流通股股东的抗衡来保护中小股东的利益，然而机构投资者的实际行为却令人失望。在金牛能源股改过程中，机构投资者不但没有发挥保护中小投资者利益的作用，还与非流通股股东同流合污，保障了低对价补偿方案的顺利通过，侵害了中小股东的利益。从清华同方与金牛能源股改案例的比较中，我们可以看出，作为理性人的机构投资者追求的是其自身利益的最大化，保护中小股东的利益并不是机构投资者的责任与义务，只是在一定条件下机构行为的外部性结果，当机构投资者从合谋中获得的收益大于低对价方案吞噬的利益时，机构投资者必然选择与管理层合谋。因此，要想通过机构投资者的发展壮大促进公司治理状况的改善，保护中小股东的利益，必须通过一系列的制度设计，提高机构投资者与管理层合谋的成本，同时尽可能地让机构投资者与中小股东的利益一致，为杜绝机构投资者的合谋行为提供制度保障，这样机构投资者才能在公司治理中发挥积极的作用。

第三节　我国机构股东参与公司治理的现状及障碍分析

一、机构股东参与治理的现状分析

从以上神火、万科、清华与金牛的案例中，本研究认为目前我国的机构投资者行动的特点如下：

1. 机构投资者越来越倾向于高调扮演积极投资者的角色，并使用多种方式表明参与公司治理的决心

中兴通讯、招商银行、神火股份以及万科股份等一系列的案例都显示：我国的机构投资者已经由被动的“用脚投票”的消极投资者向主动的“用手投票”的积极投资者转变。随着价值投资理念的深入以及机构控制资产的不断膨胀，机构投资者越来越倾向于高调扮演积极投资者的角

色，其参与公司治理的方式也由简单地行使股东投票权发展到联合提交股东议案，对公司治理的干预程度也逐步加深，从一般性的涉及股东、董事、关联交易、信息披露等方面的干预，开始转向监察公司内部执行与控制投资风险等方面。

2. 机构投资者参与公司治理的形式还比较单一，往往是迫于利益被损的被动行为

机构投资者一般通过间接干预和直接干预两种途径来改善上市公司的治理结构，间接干预即作为公司重要投资人的机构投资者向公司管理层提供决策建议、对公司重大决策表明意见并对公司董事会施加影响等行为。而直接干预即机构投资者通过改组董事会，直接介入公司的重大决策、参与公司经营管理的行为。在潜在危机较为严重的情况下，机构投资者会联合其他大股东，更换管理层或寻找适合的买家甚至进行破产清算以释放变现的风险。虽然在万科地产公司章程修改案中，机构投资者不仅行使了股东投票权，还基于自身的专业知识提出了有关投资风险控制的股东议案，但并没有直接介入公司的经营决策，且博时、南方、华夏等机构的行动是在上市公司做出损害他们利益的情况下所作出的积极反应，并没有主动地参与公司治理。

而在国外，机构投资者主动参与公司治理的案例很多，例如，美国教师保险及年金协会（TIAA - CREF）曾号召20家大型养老基金共同影响他们在投票选举中反对柯达公司的3名董事。美国最积极的机构投资者——加州公职人员退休系统（CalPERS）曾联合其他几个较大的公共养老基金共同致信通用汽车董事会，要求该公司董事会对董事会主席的继任候选人的选举程序进行解释。在美国上市公司普遍衰退、大公司业绩严重下滑的1992年，众多机构投资者更是积极行动起来，最终迫使500家美国最大公司中的13家的董事会先后解雇了多名声名显赫的超级总裁，包括IBM、通用汽车（GM）、捷达（American Express）、西屋公司（Westinghouse）、康柏电脑（Compaq Computer）、克莱斯勒（Chrysler）和戴尔（DELL）等著名企业。可见，国外机构投资者已经有较为成熟的主动参与董事会治理的方式，而目前我国的机构投资者尚处于参与公司治理的被动阶段，参与公司治理的方式还比较单一。

3. 机构投资者与大股东之间通过内幕交易而实现的合谋行为，阻碍了机构投资者积极作用的发挥

从清华同方与金牛能源股改案例的比较中可以看出，我国的机构投资者在股权分置改革中并没有发挥与非流通

股股东抗衡，从而保护中小股东利益的作用，相反，为了自身利益的最大化，机构投资者选择与非流通股股东合作，通过内幕交易操纵公司股价获得超额收益，侵害了中小股东的利益。机构投资者的这种行为，溯其根源主要是由于我国证券市场制度演进程序的倒置。西方发达国家证券市场演进的路线一般为：

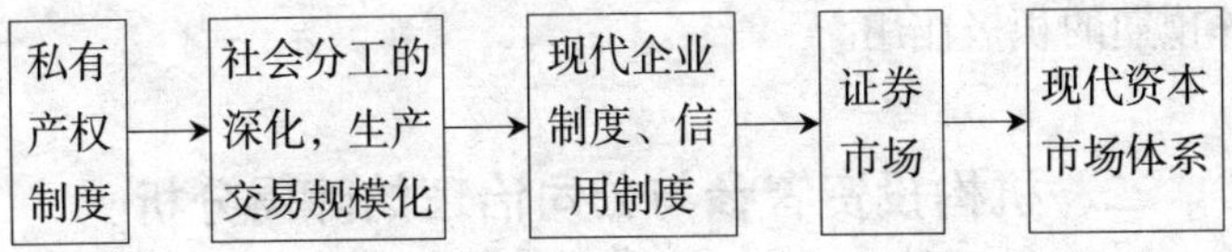

而我国证券市场演进的路线为：

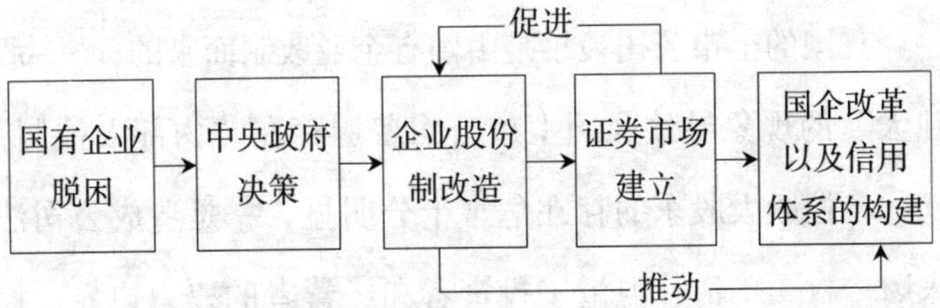

由于我国经济证券化制度选择过程的倒置，引发了中国证券市场一系列深层次的矛盾：国有股“一股独大”，内

部人控制，同股不同权，上市公司运作不规范，市场投机气氛浓重，专业化投资管理步履维艰等，相关的监管体制不完善，监管力度不到位，在这样的大环境下，机构投资者与非流通股股东合谋的成本较低，而各自的收益较大——机构投资者通过内幕交易获得差价收益，非流通股股东支付较低的对价，最终机构投资者与非流通股股东达成一致协议，损害了中小股东的利益，机构投资者没有发挥预期的积极作用。

二、机构投资者参与公司治理的障碍分析

结合以上案例以及我国的实际情况，本书认为目前我国机构投资者参与公司治理的主要障碍有：

1. 机构投资者参与公司治理的内部环境的制度性缺失

我国的上市公司最早是由国有企业改制而来的，“一股独大”的现象导致我国上市公司普遍存在“内部人控制”问题，控股大股东的存在危害十分明显，一是造成公司法人财产权属不清，混淆了投资者和经营者的权力边界，控股大股东与上市公司经理层形成事实上的一体化，作为出资人的机构投资者与中小股东无法真正保护自身的合法权益；二是使控股股东占用公司资金成为可能。由于内部人

控制下的公司无法与控股股东在人员、资产、财务方面做到三分开，不仅产生了这种可能性，而且也会诱发可能性向现实性的转化。目前普遍存在的大股东利用子公司担保的方式“掏空”上市公司的行为就是最好的例证。三是公司本身独立法人利益无法得到保障，对内部人的依赖性增强，不能发挥公司独立市场主体的作用，可能成为某些利益集团圈钱的窗口。内部人控制导致我国上市公司治理结构不完善，阻碍了机构投资者作用的发挥。

2. 机构投资者参与公司治理的外部环境的制度性缺失

机构投资者参与公司治理的外部环境的制度性缺失主要表现在证券市场的不成熟、控制权市场与经理人市场的不完善以及法律制度的限制。我国的证券市场是20世纪90年代初为解决国有企业融资困难而建立起来的，发展的历史较短，同时由于发展初衷的限制，证券市场各方面的机制以及监管制度都无法与发达国家相比，其中股权分置问题就是制约我国证券市场发展的最大的障碍，虽然2005年的股权分置改革从制度上解决了这一问题，但由于“锁一爬二”的规定，要真正实现股票市场的全流通，建立健全证券市场发展与完善的相关制度，仍需要一定的时间过渡。

控制权市场是指投资者通过收集股权和投票代理权取

得对公司的控制权以达到接管公司和更换不良管理层的目的的一种制度设计。完善的控制权市场是一项有效的外部治理机制。当上市公司经营管理恶化，公司效益下降而导致股票价格大幅下跌时，外部投资者就会考虑是否收购该公司，如果股价跌到收购者有利可图的价位时，外部投资者将收购该公司，同时撤换经营管理班子，公司控制权因此而改变。对管理层而言，外部接管意味着他们将失去工作，失去高工资以及与职位有关的种种特权——数额庞大的“在职消费”；同时，在完善的经理人市场上，这种离职经历会影响经理人的职业声誉，加大其离职成本。考虑到市场接管所导致的失去工作和高效薪水，以及高昂的离职成本这两个方面的因素，上市公司经营管理层将不得不认真工作，努力提高公司效益，防止公司被外部投资者接管。随着机构投资者的逐步发展，其完全有实力通过控制权市场来更换不称职的高管，从而改善公司治理状况，提高公司效益。可见，机构投资者作用的发挥依赖于公司控制权市场与经理人市场的完善，而我国经理人市场目前还没完全建立，公司控制权市场由于其初始创立时的特殊的制度背景——证券市场因国有企业融资困难而建立，以及为保护国有资产的控股地位，人为地划分流通股与非流通股，导致其存在在收购过程中行政色彩浓重、重协议收购轻二级市场竞争收购、收购成本较高等问题，因此，控制权市场与经理人市场的不完善阻碍了机构投资者积极作用的发挥。

机构投资者参与公司治理的法律制度的限制主要体现在两个10%的限定上，即我国《证券投资基金运作管理办法》规定：一只基金持有一家上市公司的股票，其市值超过基金资产净值的10%；同一基金管理人管理的全部基金持有一家公司发行的证券，超过该证券的10%，而对绝大多数保险公司而言，其将保险基金投入到股市也有严格的限制（保险公司的入市资金比例不得超过10%，太平洋保险公司的入市资金比例已经获准提高到15%）。这些限制从短期看有利于机构投资者分散风险，但是从长远看，投资的分散使机构投资者没有动力和权力去过问公司经营和治理情况，限制了其参与公司治理的积极性。

3. 机构投资者参与公司治理存在利益纠缠及“搭便车”的问题

很多机构投资者（银行、保险公司）与其所投资持股的公司具有业务往来，这种利益关系的存在导致机构投资者在多数情况下不愿与目标公司针锋相对，得罪公司管理层会导致业务利益的损失，同时也无法获得内幕信息带来的收益，其介入公司治理所付出的代价可能要远远大于所获得的利益，因此当公司治理状况恶化时，出卖所持股份而轻松获利对他们而言更有诱惑力。尤其是在发生收购兼并事件时，机构投资者往往以较高的收购价出卖所持股份以套现获利。此外，机构投资者为减少投资风险，采取的是多元化和资产组合的投资方式，往往持有多家公司的少量股票，因而某个机构投资者单独行动的监督成本十分高昂，这样每一个机构投资者都会存有一种侥幸心理，希望通过其他投资者的监督行为使自己获益，监督公司往往不再会成为他们的主动行为，从而减弱了监督的作用，造成了监督的“搭便车”现象。

4. 机构投资者自身的双重代理问题

机构投资者是代人理财的专业机构，自身也存在机构经理人与委托投资人之间的代理问题，机构经理人追求的是自身利益的最大化而不是投资人利益的最大化，因此他们完全可能通过与公司经理人之间的合作来获得私人利益，而不是积极地去监督公司经理人，而且与公司的经营者相比，机构经理人的委托人是广大投资者，出于监督成本的考虑，机构经理人更处于被监督的真空状态，在实现了约定的最低投资收入后，他们就不再追求终极受益人所得利润的最大化，而转向追求自身满足程度的最大化。机构投资者监督公司经理人是代理人监督代理人，由于双重代理问题的存在，必然大大降低机构投资者的监督效率，机构经理人在行使股东权力时，可能会更多地从自身的利益考虑，只要与公司经理人合作获得的私人收益大于监督的收益，机构经理人就会与被监督的经营者形成一种暧昧的合作关系。

目前，我国的机构投资者虽然正由消极投资者向积极投资者转变，但由于上述四方面的限制，必然导致我国机构投资者参与公司治理仍处于初级阶段，大多数的积极行为都是利益受损时的被动行为，并没有真正积极主动地参与公司治理，参与公司治理的方式也比较单一。

第四节　本章小结

本章在梳理我国机构投资者发展轨迹的基础上，主要运用事件研究法（*CAR*）分析了神火股份可转债发行、万科地产公司章程修订以及清华同方、金牛能源股改三个机构行动的案例，找到了机构股东积极参与公司治理的直接证据，同时也发现了抑制机构股东作用有效发挥的重大因素——机构股东与控股大股东的合谋。基于机构投资者行动的案例得到如下结论：目前我国机构投资者参与公司治理仍处于初级阶段，但机构投资者越来越倾向于高调扮演“积极投资者”的角色已是不争的事实，我国的机构投资者已经通过行使股东投票权、提交股东议案等方式影响公司重大的筹资与投资决策，且对公司治理的干预程度逐步加深，从一般性的涉及股东、董事、关联交易、信息披露等方面，开始转向监察公司内部执行与控制风险等方面。机构投资者在公司治理中发挥了一定的作用。同时，机构投资者参与公司治理的内外部环境的制度性缺失、自身的双重代理问题、相关法律的限制以及与管理层的合谋是目前制约我国机构投资者积极作用发挥的主要障碍。

第五章　机构股东对高管薪酬机制影响的实证检验

2008年全球金融危机爆发，美国AIG的“奖金门”事件促发了人们对高管薪酬的广泛关注，美国总统奥巴马更是通过法律的形式直接限制了华尔街金融高管的年薪总额。根据我国2008年上市公司的年报数据显示：虽然整个年度上市公司的利润平均下滑了2.38%，但上市公司高管薪酬总额却逆市上涨了14.36%。其中，“天价洋管家”深发展董事长——法兰克·纽曼以年薪1 598万元荣登榜首，紧随其后的是中国银行信贷风险总监詹伟坚和TCL集团副总裁梁耀荣，薪酬分别为1 181.1万元和1 006万元。在此情况下，2009年9月16日，我国人力资源和社会保障部等六部门联合出台了《关于进一步规范中央企业负责人薪酬管理的指导意见》，成为继美国之后第二个颁布"限薪令"的国家。但"限薪令"毕竟只是一个暂时性的过渡措施，如何从更长远的角度解决公司高管尤其是国有控股公司高管的"天价薪酬"问题？除了积极进行高管薪酬激励机制内部改革外，日益壮大的机构投资者是否能发挥有效的外部监督作用？机构股东能否对薪酬激励机制产生影响？机构股东的存在是否能促进高管薪酬与公司业绩的联动性？本章以机构股东持股比率超过5%的制造业上市公司为研究对象，通过考察2005—2007年制造业机构股东持股与公司薪酬水平以及薪酬结构之间的关系来判断这种影响。

第一节　研究背景及研究假设

一、我国上市公司薪酬制度改革历程及存在的问题

20世纪80年代以前，计划经济体制使得我国的工资分

配制度是通过立法和行政手段来确定的，该种分配制度下的工资和企业业绩严重脱钩，员工缺乏积极工作的动力。80 年代以后，我国实行劳动合同制度，国家不再统一安排企业职工的工资改革和工资调整，大多数企业实行工效挂钩的分配制度，形成了“以按劳分配为主体，多种分配方式并存”的工资制度。90 年代以后，伴随着计划经济体制向市场经济体制改革的转型，我国逐渐出现了承包责任制、资产经营责任制、年薪制以及员工持股等新型的工资分配制度，调动了员工的积极性，实现了薪酬激励与企业绩效的紧密挂钩。尤其是在股权分置改革之后，为了建立健全激励与约束相结合的中长期激励机制，2005 年 12 月 31 日，证监会颁布并实施了《上市公司股权激励管理办法（试行)》，在该办法中规定：已完成股权分置改革的沪深两市上市公司，可遵照该办法的要求对公司的董事、监事、高级管理人员及其他员工实施股权激励。股权激励机制正式推出。

股票期权是上市公司赋予激励对象在未来一定期限内以预先确定的价格和条件购买本公司一定数量股份的权利。激励对象可以行使该权利也可以放弃该权利。但激励对象获授的股票期权不得转让、用于担保或偿还债务。股权激励是我国股权分置改革完成后的新生事物，它将公司管理层的薪酬与公司未来的股价联系起来，是激励管理层的长期机制。但新生事物的执行总会出现问题，股权激励制度在实施过程中，由于前期经验的不足出现了如试点企业股权激励实施条件过宽、业绩考核不严、预期收益失控；上市公司借道股东实施股权激励，上市公司在重大利好公布前后突击激励，股权激励行权指标与公司业绩脱钩等一系列问题。针对这些问题，监管层为了进一步规范股权激励制度，于2008年1月4日颁布了《关于上市公司股权激励备案工作有关问题的通知》，该通知对实施股权激励的上市公司的公司治理、独立性、信息披露、财务以及激励对象等方面提出了更严格的要求。国外的大量实证研究表明：股票期权机制是一项有效的长期激励机制。因此，随着我国监管部门对股权激励相关制度的逐步完善，股权激励机制将在我国上市公司中普遍实施。

二、研究假设

本书第二章着重从实证研究结论总结了机构股东对高管薪酬的影响，本章将从样本选取、变量衡量以及研究设计的角度重点回顾相关文献。

Mangel & Singh（1993）考察了美国最大的100家上市公司中机构股东持股对CEO薪酬的影响，在控制了公司规模、CEO任期、CEO与董事会关系、外部股东持股比率、公司绩效等变量后，他们发现机构股东持股与CEO薪酬之间存在显著的负相关关系，但没有发现所有者控制的公司对CEO薪酬的抑制效用。Mangel & Singh选择美国最大的100家公司作为研究样本缺乏合理性，同时他们没有考虑机构股东持股的变化对CEO薪酬的动态影响，有一定的局限性。

Jay C. & Laura T.（2003）不仅利用1992—1997年36 352家上市公司的数据考察了机构股东持股对薪酬水平的影响，还直接利用股票期权激励的相关数据，通过Tobit模型检验了机构股东持股对薪酬—业绩敏感度的影响。实证结果表明：在控制了公司规模、行业特征、公司成长性以及业绩等因素后，以前五大机构投资者持股数占机构股东持股总数的比率以及机构投资者持股集中度的Herfindahl指数来衡量的机构股东的影响与薪酬—业绩敏感度存在显著的正相关关系，与总体的薪酬水平存在显著的负相关关系——机构股权集中度每增加一个标准差，CEO的薪酬就减少12%，高管的总薪酬减少19%，高管薪酬—业绩敏感度增加将近20%。机构股东的存在能够减少经理层的机会主义风险，机构监督发挥了积极作用。同时他们也发现了机构股东持股的“顾客效应”，即上市公司在制订薪酬计划时会倾向于迎合机构股东的偏好，加大股权激励在薪酬结构中的比例，在运用换手率作为机构股东持股的工具变量从而排除机构股东持股的“顾客效应”的情况下，仍然发现了机构股东持股与薪酬水平以及薪酬结构之间的显著相关关系。

不同于 Mangel & Singh 与 Jay C. & Laura T. 的研究，Andres，Jay C. & Laura T.（2005）不仅考察了美国上市公司机构股东持股对高管薪酬总额的影响以及机构股东持股对高管薪酬与公司业绩之间的联动关系的影响，还检验了不同类型机构投资者对高管薪酬的影响。在将机构投资者依据不同的监督成本分为潜在积极的投资者与潜在消极的投资者两种类型的基础上，他们通过构建经理层与机构股东之间的三阶段完全信息博弈模型分析了机构股东对薪酬计划的影响，从模型中显示的监督成本与监督收益的关系得出结论：潜在积极的投资者对薪酬水平与薪酬—业绩敏感度有正向作用，而潜在消极的机构投资者没有这种作用，并利用 1992—1997 年 36 352 家上市公司的数据，在控制了公司规模、CEO 特征、发展潜力、现金流量、股利政策以及公司业绩等一系列影响 CEO 薪酬因素的情况下验证了该推论。Dong & Ozkan（2008）也检验了英国上市公司中不同类型的机构投资者对高管薪酬的影响。在将机构投资者按照投资组合的年换手率分为暂时机构投资者与缜密机构投资者的基础上，他们发现暂时机构投资者无论是对高管薪酬总额还是对高管薪酬与公司业绩的联动性均没有影响，而缜密的机构投资者能够抑制高管的薪酬水平，同时也能加强薪酬—业绩联动性。总的机构股东持股水平与以上两者也均没有关系。

我国的王彩萍（2006）利用2000—2003年全部A股上市公司前十大股东中有机构股东持股的上市公司作为样本，分别考察了机构股东持股对高管年度薪酬总额以及对高管薪酬—业绩敏感度之间关系的影响，发现除2003年国有控股样本中机构股东持股与高管薪酬总额之间存在负相关关系外，其他年份机构股东持股与高管薪酬总额以及高管薪酬与公司业绩之间的挂钩关系均没有显著影响，因此，从机构投资者与上市公司薪酬机制来看，并没有充分的证据表明我国的机构投资者已经能够发挥积极监督的作用。

基于以上的实证研究，如果我国的机构投资者对制造业企业薪酬计划有积极的作用，则机构股东持股与高管薪酬应存在以下关系：

（1）机构投资者持股比率与高管薪酬总额负相关。

（2）机构投资者持股比率与高管薪酬—业绩正相关。

为了检验该假设，本文主要在模型中加入机构股东持股比率与公司业绩的交互项来反映。若交互项的系数为正，则表明机构投资者能加强高管薪酬与公司业绩之间的挂钩，促使高管利益与股东利益更加一致，减少经理层的代理成本，提高公司的价值。

第二节 研究设计与描述性统计

一、样本选取与数据来源

行业因素是影响高管薪酬的重要因素，因此本文主要针对制造业来检验机构股东对高管薪酬的影响，根据Gomez-Mejia（1989）、Dyl（1988）、Bilimoria（1992）和Hambrick & Finkelstein（1995）等人的研究表明：所有者结构会影响CEO薪酬，一般情况下所有者控制的公司（至少有一个外部股东的持股量达到公司股权的5%的公司）的CEO薪酬比管理者控制的公司的CEO薪酬水平要低，且CEO的薪酬与公司的业绩挂钩得更紧密。Davis & Thompson

(1994) 也指出：虽然单个机构股东的持股比率较小，但各个机构投资者通过诸如机构投资者理事会等组织联合起来的力量是巨大的，其权力可以与高管相抗衡。故本文选取了2004—2006年度机构股东持股比率总和大于5%的制造业企业作为研究样本，其中机构投资者包括基金、保险公司、企业年金、QFII、券商和社保基金，企业所属行业的划分遵循中国证监会颁布的《上市公司行业分类指引》的规定，剔除财务数据不全的公司，本研究最终确定的样本数如表5-1所示。

表5-1　研究样本统计

	2004年	2005年	2006年
样本数	130	151	207
有机构股东持股的公司数	695	696	707
制造业公司数	970	994	994
上市公司总数	1 353	1 335	1 408

二、变量定义

(一) 高管薪酬的衡量变量

为了保证检验结果的稳定性，本模型以WIND数据库中披露的与高管薪酬相关的年度薪酬总额、薪酬最高的前三名董事薪酬总额以及薪酬最高的前三名高管薪酬总额分别作为因变量进行检验。由于我国对高管的股权激励于2006年才开始实行，据WIND咨询的统计，截至2008年6月底，参与股权激励的上市公司一共124家，真正顺利实行的只有31家，因此本模型中的薪酬总额没有包括股权激励的部分。Main & Bruce（1996）经过研究发现：若将股权激励包括在CEO薪酬总额中，薪酬与业绩之间的关联性更强，这将会影响机构股东持股与薪酬—业绩敏感度之间关系的检验。

（二）机构股东影响的衡量变量

Davis & Thompson（1994）指出：虽然单个机构股东的持股比率较小，但各个机构投资者通过诸如机构投资者理事会等组织联合起来的力量是巨大的，其权力可以与高管相抗衡。故本部分运用总持股比率大于5%的机构股东持股比率来衡量机构联合对高管薪酬的影响，机构投资者持股比率是根据WIND数据库中机构股东持股数量总和与总股本的比率计算的。考虑到机构股东对高管薪酬的影响有滞后效应，本研究使用滞后一年的机构股东持股比率。

（三）控制变量

根据高管薪酬影响因素的相关实证研究文献，本部分研究机构股东对高管薪酬影响的模型的控制因素主要有公司业绩、公司规模、负债水平、公司治理状况等。Jensen & Murphy（1990）发现在1974—1986年间美国1 049家上市公司中，股东财富平均每提高1 000美元会导致CEO薪酬平均增加3.25美元。Gregg et al.（2004）、Ozkan（2007）的研究均发现董事会的薪酬总额以及最高董事的薪酬与公司业绩密切相关。此外，Dyl（1988）、Hambrick & Finkelstein（1995）、Mangel & Singh（1993）、Hartzell & Starks（2003）等的研究都表明高管薪酬与公司规模、负债水平、公司治理状况有关，在这些研究中一般采用*ROE*和*ROA*作为公司业绩的衡量变量，本部分用*ROE*作为公司业绩的衡量变量。

表5-2　变量描述

	名称	符号	定义
因变量	董事、监事及高管年度薪酬总额	*COMP*1	第*T*年现金薪酬总额的对数，不包括期权激励
	前三名董事薪酬总额	*COMP*2	第*T*年现金薪酬总额的对数，不包括期权激励
	前三名高管薪酬总额	*COMP*3	第*T*年现金薪酬总额的对数，不包括期权激励
自变量	机构股东持股比率	*INST*	第*T*-1年所有机构股东持股占总股本的比率

（续上表）

	名称	符号	定义
控制变量	股权集中度	*BLOC*	第 *T* 年前十大股东持股比率之和
	公司规模	*ASSE*	第 *T* 年末总资产的金额
	公司业绩	*PERF*	第 *T* - 1 年净资产收益率
	资产负债率	*LEVE*	第 *T* 年末负债总额/资产总额
	独立董事比率	*OUT*	第 *T* 年独立董事人数占全体董事人数的比率
	CEO 与董事长是否兼任	*SING*	哑变量，兼任取 1，不兼任取 0

三、描述性统计结果

在表 5 - 2 所示的变量中，独立董事比率及 CEO 与董事长是否兼任的数据来自于深圳君泰安（CSMAR）数据库，其他变量数据则全部来源于 WIND 数据库，利用 SPSS13.0 中的样本描述性统计功能得出 2005—2007 年所有变量的统计数据，如表 5 - 3 到 5 - 5 所示：

表 5－3　2005 年所有变量描述性统计表

	N	Minimum	Maximum	Mean	Std. Deviation
COMP1	130	37	142 9	262.01	234.080
COMP2	130	11	525	89.20	90.336
COMP3	130	12	491	88.54	80.313
ROE	130	－60.992 0	58.086 3	13.770 7	10.416 2
INST	130	.051 3	.282 4	.109 4	.057 6
LEVE	130	.078 6	.899 4	.491 0	.166 4
LNASSE	130	10.608 1	16.468 9	12.622 0	.920 9
BLOC	130	30.26	89.94	61.996 3	12.751 2
OUT	130	.133 3	.500 0	.342 8	.045 0

表 5－4　2006 年样本描述性统计表

	N	Minimum	Maximum	Mean	Std. Deviation
INST	153	.050 3	.408 1	.124 3	.070 1
ROE	151	－141.728 7	40.244 7	.913 5	20.127 3
LNASSE	153	10.483 1	16.617 9	12.701 3	1.048 9
LEVE	153	.076 5	.827 6	.498 3	.174 1
BLOC	153	27.97	92.08	60.666 8	13.208 9
OUT	153	.133 3	.500 0	.348 3	.043 6
COMP1	153	32.24	1 791.00	295.647 4	241.561 5
COMP2	151	8.46	440.00	97.612 2	85.680 7
COMP3	151	8.40	467.51	103.145 9	84.947 5

表 5-5 2007 年样本描述性统计表

	N	Minimum	Maximum	Mean	Std. Deviation
INST	207	.050 0	.390 4	.147 2	.084 7
ROE	207	-96.859 4	57.517 6	14.418 6	12.880 3
BLOC	207	22.3	93.4	59.850	12.922 0
LEVE	207	.059 2	1.031 8	.484 7	.176 9
LNASSE	207	10.578 5	16.751 2	12.696 4	1.079 7
OUT	207	.133 3	.555 6	.348 0	.043 9
*COMP*1	207	40.50	2 489.32	344.582 0	316.456 7
*COMP*2	207	2.66	1 100.64	117.274 9	136.914 2
*COMP*3	206	5.00	1 045.97	124.7340	118.006 7

从表 5-3 至表 5-5 的数据中可以看出：在 2005—2007 年间，机构投资者在制造业的平均持股比率逐渐上升，由 2005 年的 10.94% 增加到 2007 年的 14.72%，其中 2005 年机构投资者的最大持股比率为 28.24%，2007 年机构投资者的最大持股比率为 39.04%，股权分置改革后，随着“大小非”的逐步解禁，机构投资者的持股比率逐步增加，机构投资者参与公司治理的实力大大增强。高管人员的薪酬在 2005—2007 年也呈现大幅上涨的趋势，年度薪酬总额平均数由 2005 年的 262.01 万上升到 2007 年的 344.58 万，前三名董事的薪酬总额平均数由 2005 年的 89.2 万上升到 2007 年的 117.27 万，前三名高管薪酬总额的平均数由 2005 年的 88.54 万上升到 2007 年的 124.73 万，上升的

幅度很大，而且在2006年上市公司平均的净资产收益率由2005年的13.77%下降到2006年的0.91%的情况下，上市公司的高管薪酬仍不断上涨，从描述性数据来看：我国上市公司高管的薪酬与业绩联动性较差，而且机构投资者持股比率的增加并没有抑制高管薪酬的增加。此外，上市公司2005—2007年前十大股东的持股比率之和的平均数分别为62%、60.67%与59.85%，可见我国上市公司的股权结构在股权分置改革后仍然比较集中，制造业上市公司资产负债率平均在48%左右，反映出我国上市公司的负债率较高。

第三节　实证检验与结果分析

一、机构投资者与高管薪酬水平关系的检验

为了检验机构股东对制造业高管薪酬的影响，本部分分别以制造业高管年度薪酬总额、前三名董事薪酬总额以及前三名高管薪酬总额的对数为被解释变量，而以持股比率总和大于5%的机构股东持股比率、机构股东股权集中度、公司业绩、资产规模的对数以及相关的控制变量为解

释变量进行回归，回归方程如下：

$$\text{LN}(COMP_{it}) = \beta_0 + \beta_1 INST_{it-1} + \beta_2 PERF_{it-1} + \beta_3 \text{LN}(ASSE)_{it} + \sum\beta_j (Other\ Control\ Variables)_{it} + \varepsilon_{it}$$

在整个回归方程中，我们重点关注系数 β_1，如果我国的机构投资者能够对制造业的高管薪酬发挥积极作用，那么 β_1 的符号为负且在统计意义上是显著的。为了保证回归系数估计的无偏性与有效性，我们首先进行自变量之间的显著性检验。

（一）自变量之间的多重共线性检验

表 5－6　2005 年自变量相关系数表

	ROE	*INST*	*LEVE*	LNASSE	*BLOC*	*OUT*
ROE	1	.156 * (.077)	.077 (.383)	.264 *** (.002)	.311 *** (.000)	.028 (.748)
INST	.156 * (.077)	1	−.155 * (.078)	.105 (.234)	−.108 (.223)	.013 (.886)
LEVE	.077 (.383)	−.155 * (.078)	1	.305 *** (.000)	−.139 (.114)	−.055 (.532)
LNASSE	.264 *** (.002)	.105 (.234)	.305 *** (.000)	1	−.015 (.862)	−.019 (.826)
BLOC	.311 *** (.000)	−.108 (.223)	−.139 (.114)	−.015 (.862)	1	.038 (.671)
OUT	.028 (.748)	.013 (.886)	−.055 (.532)	−.019 (.826)	.038 (.671)	1

* 表示在 10% 水平上显著，* * 表示在 5% 水平上显著，* * * 表示在 1% 水平上显著。

表 5－7　2006 年自变量相关系数表

	INST	*ROE*	LNASSE	*LEVE*	*BLOC*	*OUT*
INST	1	–.008 (.922)	–.029 (.721)	–.157* (.052)	–.065 (.424)	.050 (.536)
ROE	–.008 (.922)	1	–.079 (.337)	–.101 (.217)	.093 (.254)	–.012 (.879)
LNASSE	–.029 (.721)	–.079 (.337)	1	.424** (.000)	.068 (.403)	.025 (.755)
LEVE	–.157 (.052)	–.101 (.217)	.424** (.000)	1	–.147 (.069)	.066 (.415)
BLOC	–.065 (.424)	.093 (.254)	.068 (.403)	–.147 (.069)	1	.009 (.916)
OUT	.050 (.536)	–.012 (.879)	.025 (.755)	.066 (.415)	.009 (.916)	1

*表示在 10% 水平上显著，**表示在 5% 水平上显著，***表示在 1% 水平上显著。

表 5－8　2007 年自变量相关系数表

	INST	*ROE*	*BLOC*	*LEVE*	LNASSE	*OUT*
INST	1	.202** (.004)	–.054 (.443)	–.157* (.024)	.080 (.254)	–.007 (.921)
ROE	.202** (.004)	1	.276** (.000)	–.159* (.022)	.262** (.000)	.022 (.749)
BLOC	–.054 (.443)	.276** (.000)	1	–.009 (.902)	.190** (.006)	–.001 (.986)
LEVE	–.157* (.024)	–.159* (.022)	–.009 (.902)	1	.371** (.000)	.006 (.932)

（续上表）

	INST	*ROE*	*BLOC*	*LEVE*	LNASSE	*OUT*
LNASSE	.080 (.254)	.262 ** (.000)	.190 ** (.006)	.371 ** (.000)	1	.080 (.254)
OUT	−.007 (.921)	.022 (.749)	−.001 (.986)	.006 (.932)	.080 (.254)	1

表示在10%水平上显著， *表示在5%水平上显著，* * *表示在1%水平上显著。

在统计意义上，一般两个自变量之间的相关系数达到0.7以上就被视为显著相关，而从以上的数据可以看出：在整个回归模型中，没有任何两个自变量之间的相关系数达到0.7，本模型不存在多重共线性问题，机构股东持股比率在2005年与2007年表现出与净资产收益率的显著正相关关系，而在2005年—2007年与公司的负债水平呈现显著的负相关关系，表明机构投资者倾向于持有净资产收益率高与负债水平低的上市公司。

（二）分年度实证检验结果

考虑到时间的变化会导致结构方程的改变，本部分的实证研究采用分年度的回归分析，在分别采用董事、监事及高管年度薪酬总额，薪酬最高的前三名董事薪酬总额以及薪酬最高的前三名高管薪酬总额为自变量的回归分析的结果如下：

表 5-9 2005 年机构股东持股与制造业高管薪酬的回归结果

自变量	*COMP*1	*COMP*2	*COMP*3
INST	3.075 *** (2.763)	2.408 (1.685)	1.533 * (1.959)
LEVE	-.149 (-.384)	-.542 (-1.186)	-.427 (-1.132)
LN*ASSE*	.314 *** (4.493)	.234 *** (2.792)	.312 *** (4.539)
BLOC	.006 (1.143)	-.004 (-.679)	.002 (.377)
OUT	1.227 (.917)	.161 (.104)	.881 (.688)
SING	-.248 (-1.288)	.271 (1.209)	.163 (.885)
ROE	.006 (1.000)	0.019 * (2.495)	.015 ** (2.411)
N	130	130	129
调整 R^2	0.220	0.155	0.198

* 表示在 10% 水平上显著，* * 表示在 5% 水平上显著，* * * 表示在 1% 水平上显著。

表 5－10　2006 年机构股东持股与制造业高管薪酬的回归结果

自变量	*COMP*1	*COMP*2	*COMP*3
INST	2.655*** (3.401)	3.373*** (3.426)	2.423*** (2.605)
ROE	-.001 (-.248)	-.002 (-.628)	-.002 (-.814)
LNASSE	.2978** (5.115)	.257*** (3.944)	.262*** (4.269)
LEVE	-.290 (-.795)	.072 (.176)	-.356 (-.924)
BLOC	-.001 (-.318)	-.002 (-.327)	-.004 (-.916)
OUT	1.892 (1.526)	1.557 (1.122)	1.529 (1.167)
SING	.261 (1.843)	.354** (2.245)	.319** (2.140)
N	153	153	151
调整 R^2	0.214	0.206	0.183

*表示在10%水平上显著，**表示在5%水平上显著，***表示在1%水平上显著。

表 5－11　2007 年机构股东持股与制造业高管薪酬的回归结果

自变量	*COMP*1	*COMP*2	*COMP*3
INST	.700 (1.196)	.658 (.912)	1.278 (1.451)
ROE	.010** (2.380)	.011** (2.169)	.013*** (2.724)
BLOC	-.002 (-.552)	-.003 (-.703)	-.002 (-.554)

（续上表）

自变量	*COMP*1	*COMP*2	*COMP*3
LEVE	-.426 (-1.400)	-.470 (-1.251)	-.511 (-1.508)
LN*ASSE*	.263 *** (5.108)	.248 *** (3.901)	.237 *** (4.147)
SING	.107 (.750)	.297 (1.682)	-.033 (-.206)
OUT	-.023 (-.022)	-.881 (-.661)	.240 (.198)
N	206	207	206
调整 R^2	0.179	0.15	0.165

* 表示在 10% 水平上显著，* * 表示在 5% 水平上显著，* * * 表示在 1% 水平上显著。

从以上实证结果来看：2005—2006 年我国机构股东持股比率与高管薪酬呈现显著的正相关关系——机构股东持股比率平均每增加 1%，高管薪酬总额大约增加 2.7%，表明我国机构投资者的存在并没有减少上市公司高管的薪酬水平，反而呈现出机构投资者在选择上市公司时倾向于高管薪酬水平较高的上市公司，这可能是由于机构投资者认为高管的充分激励能够带来公司价值的提升，而 2007 年机构投资者的持股比率与高管薪酬之间没有显著的正相关关系，机构投资者不再偏爱薪酬水平较高的上市公司，因为根据2008年7月深交所网站发布的一份题为《深交所上市公司高管薪酬分析》的研究报告显示：从2005年到2007年，上市公司高管的平均薪酬由13.32万元增加到19.93万元，增幅达50%。其中，仅2006年和2007年，增幅就分别为17.34%和27.51%，明显高于同期GDP的增长率。尤其是董事长、总经理、副总经理等主要高管的薪酬增长过快，有可能出现“过度激励”。机构投资者对高管薪酬激励的效率产生怀疑，在重新选择投资组合时不再一味偏好薪酬水平高的上市公司。因此，虽然目前我国的机构投资者还没有运用自身的权利去积极监督高管人员的薪酬，但机构投资者很重视高管的薪酬激励以及薪酬激励的效率，同时运用“用脚投票”的方式表达自身对上市公司薪酬过度激励的不满，这迟早会影响上市公司高管的薪酬水平及激励效率。同时，从实证结果来看：我国上市公司高管的薪酬水平与公司规模呈现了显著的正相关关系，上市公司资产平均每增加1%，年度高管薪酬总额大约增加0.26%，上市公司高管的薪酬与公司业绩呈现一定的相关关系，2005年与2007年上市公司的*ROE*每增加1%，高管的薪酬大约增加1.1%，2006年的高管薪酬与公司业绩呈现负相关关系，虽然并不显著但也表明我国上市公司高管薪酬与公司业绩联系得并不紧密。独立董事制度在整个实证期间均没有与高管薪酬有显著的相关关系，表明我国的独立董事在监督高管薪酬水平上并没有发挥有效的作用。

二、机构投资者与薪酬—业绩相关性关系的检验

为了检验机构投资者与高管薪酬—业绩敏感度之间的关系，本部分以高管薪酬的年度变化为因变量，以公司业绩变化、机构股东持股与公司业绩变化的交互项、公司规模以及其他控制变量为自变量进行回归，回归模型如下：

$$\Delta \mathrm{LN}(COMP_{it}) = \beta_0 + \beta_1 INST_{it-1} \times \Delta PERF_{it} + \beta_2 \Delta PERF_{it} + \beta_3 \mathrm{LN}(ASSE)_{it} + \sum \beta_j (Other\ Control\ Variables)_{it} + \varepsilon_{it}$$

模型中机构股东持股与公司业绩变化的交互项反映了机构股东对高管薪酬—业绩敏感度的影响，如果机构股东对高管薪酬—业绩敏感度具有积极的作用，则系数 β_1 应该显著为正，运用相关数据得到的分年度回归结果如表 5 - 12 所示：

表 5-12　2005 年机构股东与高管薪酬—业绩敏感度回归结果

自变量	ΔLN(*COMP*1)	ΔLN(*COMP*2)	ΔLN(*COMP*3)
LEVE	.048 (.241)	-.304 (-.940)	.146 (.604)
LNASSE	.010 (.289)	-.031 (-.535)	.044 (1.014)
BLOC	.003 (1.222)	.002 (.534)	.007*** (2.282)
OUT	-.140 (-.202)	-.639 (-.576)	.049 (.058)
SING	-.081 (-.817)	.056 (.352)	-.036 (-.302)
ROE	.023* (1.880)	.006 (.301)	.017 (1.126)
INSTROE	-.123 (-1.019)	.097 (.501)	.019 (.127)
N	129	124	129
调整 R^2	0.02	0.01	0.072

*表示在 10% 水平上显著，**表示在 5% 水平上显著，***表示在 1% 水平上显著。

表 5-13　2006 年机构股东与高管薪酬—业绩敏感度回归结果

自变量	ΔLN(*COMP*1)	ΔLN(*COMP*2)	ΔLN(*COMP*3)
LEVE	.019 (.551)	.005 (.124)	.014 (.397)
LNASSE	-.144 (-.662)	.171 (.632)	-.067 (-.301)
BLOC	.002 (.718)	.003 (.911)	-.001 (-.371)

（续上表）

自变量	ΔLN（*COMP*1）	ΔLN（*COMP*2）	ΔLN（*COMP*3）
OUT	.448 (.606)	.340 (.377)	.918 (1.231)
SING	−.020 (−.234)	−.099 (−.964)	.069 (.810)
ROE	−.005 (.018)	−.005 (−1.313)	−.004 (−1.273)
INSTROE	.013 (.620)	.044 (1.668)	.048 ** (2.224)
N	150	146	147
调整 R^2	0.015	0.012	0.032

＊表示在10%水平上显著，＊＊表示在5%水平上显著，＊＊＊表示在1%水平上显著。

表5－14　2007年机构股东与高管薪酬—业绩敏感度回归结果

自变量	ΔLN(*COMP*1)	ΔLN(*COMP*2)	ΔLN(*COMP*3)
BLOC	.002 (1.142)	.002 (.753)	.003 (1.271)
LEVE	.100 (.586)	.228 (.975)	−.081 (−.373)
LNASSE	−.011 (−.399)	−.019 (−.498)	.004 (.115)
SING	.136 * (1.743)	.241 ** (2.248)	.079 (.794)

（续上表）

自变量	ΔLN(*COMP*1)	ΔLN(*COMP*2)	ΔLN(*COMP*3)
OUT	-1.056* (-1.770)	-1.259 (-1.539)	-.605 (-.793)
ROE	.001 (.361)	.000 (.097)	.001 (.163)
INSTROE	.019 (.666)	.021 (.545)	.028 (.770)
N	206	205	204
调整 R^2	0.049	0.024	0.03

*表示在10%水平上显著，**表示在5%水平上显著，***表示在1%水平上显著。

从以上回归结果来看，除了2006年上市公司前三名高管的薪酬变化与机构股东持股和业绩变化的交互项具有显著的正相关关系，即机构股东持股比率每增加1%，可以导致薪酬随业绩变化的幅度增加0.048%外，其余年度机构股东持股和公司业绩变化的交互项与高管薪酬变化均没有显著的相关关系，这说明目前我国机构股东对高管的薪酬结构基本没有影响，而且虽然2006年交互项的系数具有正的显著性，但2006年的薪酬与公司业绩呈反向关系且影响系数仅为0.048，这一矛盾的实证结果可能是由于因变量的选择问题，在衡量薪酬—业绩敏感度上我们运用的是高管年度薪酬变化的代理变量，而没有直接使用更能反映薪酬—

业绩变化的变量——股权激励的价值（Jay C. & Laura T.，2003），以下部分将使用是否实行股权激励为因变量，运用Logit模型来考察机构股东持股对薪酬—业绩敏感度的影响。

三、股权激励中机构股东的作用研究

股权激励将经营管理层与上市公司的利益捆绑在一起，能够激发高管人员的经营积极性和公司归属感，对于解决所有者与经营者之间的委托—代理问题，降低代理成本具有积极作用。2006年1月1日，《上市公司股权激励管理办法（试行）》的出台标志着我国股权激励的正式实行，该办法规定上市公司实行股权激励的程序为：上市公司的薪酬与考核委员会拟定股权激励计划草案，提交董事会审议，董事会审议通过后将完整的股权激励计划在证监会备案，证监会在收到备案申请材料之日起20个工作日内未提出异议的，上市公司可以发出召开股东大会的通知，审议并实施股权激励计划，股权激励计划需经股东大会三分之二以上表决通过方可实施。其具体的流程如图5－1所示：

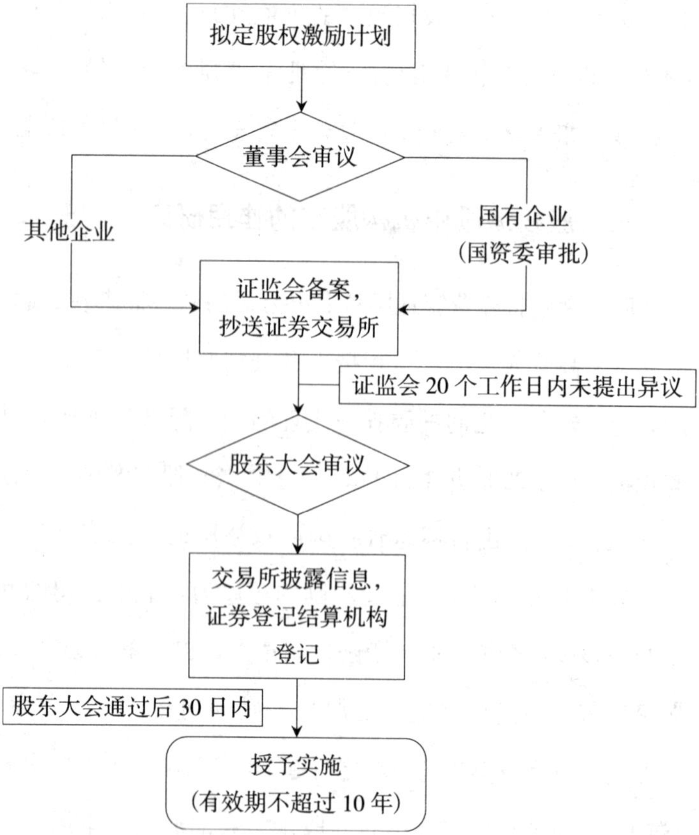

图5－1　上市公司股权激励流程图

据WIND咨询有关上市公司股权激励一览的统计显示：截至2008年7月，参与股权激励计划的上市公司共有129家，其中提交董事会预案的有72家，股东大会通过的有9

家，正式实施的有 33 家，停止实施的有 14 家。停止实施计划的上市公司主要是因为股权激励的条件不符合证监会为防止过度激励的要求，没有上市公司是因为股东反对而停止实施，故从股权激励方案能够顺利通过股东大会的表决来看，股东（机构或个人）都是支持股权激励计划的。本部分主要研究机构投资者的存在能否增加公司实行股权激励计划的概率。由于 2006 年参与股权激励计划的上市公司有 43 家，2007 年有 13 家，2008 年中期有 67 家，其中由于股权激励制度相关规定不太严格，股权激励方案施行以来存在上市公司借道股东实施股权激励、上市公司在重大利好公布前后突击激励、股权激励行权指标与公司业绩脱钩等一系列问题，证监会在 2007 年曾一度停止审批股权激励计划。考虑到这一重大事件的影响，本部分只研究 2006 年机构股东对公司股权激励计划的影响，同时为了排除行业特征的影响，使研究更具针对性，本部分也只研究制造业机构股东的存在对上市公司股权激励的影响。

（一）变量定义

本部分涉及的变量以及变量解释如表 5－15 所示：

表5-15 实证研究变量定义及符号表示

	名称	符号	定义
因变量	上市公司是否实行股权激励	*OPTI*	虚拟变量，上市公司在第*T*年实行股权激励，则为1，否则为0
自变量	机构股东持股比率	*INST*	第*T*-1年所有机构股东持股占流通股的比率
控制变量	股权集中度	*BLOC*	第*T*年前十大股东持股比率之和
	公司规模	*ASSE*	第*T*年末公司总资产的对数
	公司业绩	*PERF*	第*T*-1年公司净资产收益率
	资产负债率	*LEVE*	第*T*年末公司负债总额/资产总额

（二）样本选择及描述性统计

我们以2006年所有制造业上市公司为研究样本，在剔除金融、保险公司、ST、*ST和未完成股权分置改革以及财务数据不全的上市公司，最终2006年的样本为717家，其中实行股权激励的上市公司有26家，所有变量的描述性统计结果如表5-16所示：

表 5－16　2006 年两份样本所有自变量描述性统计结果

自变量	平均值	中位数	最大值	最小值	标准差	样本数
INST	19.84	19.21	61.95	0	18.2924	26
	7.88	0.22	75.75	0	14.5446	691
ROE	11.33	11.54	29.19	1.22	6.0663	26
	3.99	5.91	51.16	－265.00	22.15	691
LEVE	0.46	0.47	0.64	0.08	0.1298	26
	0.49	0.52	0.99	0.07	0.1700	691
ASSE	12.41	12.12	16.62	10.74	1.3257	26
	12.09	11.99	15.94	9.69	1.006	691
BLOC	58.13	59.83	83.37	29.17	14.4075	26
	57.38	57.54	100	17.91	14.37	691

从表 5－16 可以看出：实行股权激励的上市公司与不实行股权激励的上市公司机构股东持股比率和净资产收益率的平均值相差很大，实行股权激励的上市公司机构平均持股比率为 19.84%，大约是没有实行股权激励的上市公司的 3 倍，而实行股权激励上市公司的平均 *ROE* 为 11.33%，大约是没有实行股权激励的上市公司的 4 倍。从描述性统计结果来看，实行股权激励的上市公司与没有实行股权激励的上市公司的机构股东持股比率存在巨大差异，且通过独立样本的均值检验，该差异是显著的，具体机构股东持股对上市公司股权激励的影响如何，以下将通过建立两者之间的 Logit 模型来进行实证检验。

（三）实证检验及结果分析

为了检验机构股东对公司股权激励计划的影响，建立如下回归方程：

$$Logit\ (OPTI_{it})\ = \beta_0 + \beta_1 INST_{it-1} + \beta_2 ROE_{it-1} + \beta_3 ASSE_{it} + \beta_4 LEVE_{it} + BLOC_{it} + \varepsilon_{it}$$

在该方程中主要关注系数 β_1，而在 Logit 模型中，设 P 为上市公司实行股权激励（$OPTI = 1$）的概率，则 $Logit\ (OPTI) = \mathrm{LN}\frac{P}{1-P}$，因此，$\beta_1$ 表示机构股东持股比率每变化一个单位，引起的上市公司实行股权激励与不实行股权激励的概率比的对数变化，若机构股东的存在能够提高上市公司实行股权激励的概率，则系数 β_1 显著为正。通过 SPSS13.0 中的 Binary Logisit 回归，得到如下表 5－17 所示的回归结果：

表 5－17　2006 年机构股东持股比率与股权激励回归结果

	B	Exp（B）	Wald
LEVE	－1.417	.242	1.156
LNASSE	.162	1.176	.555
BLOC	－.013	.987	.784
ROE	.027	1.027	1.453

（续上表）

INST	.026***	1.026	5.527
N	717	717	717
调整 R^2	.078	.078	.078

* 表示在10%水平上显著，* * 表示在5%水平上显著，* * * 表示在1%水平上显著。

从以上实证结果可以看出：在影响上市公司是否实行股权激励的因素中，只有机构股东的持股比率与因变量存在显著的正相关关系，即机构股东持股比率每增加1%，上市公司实行股权激励与不实行股权激励的概率比增加1.026，机构股东的存在能够增加上市公司实行股权激励的概率。基于股权激励能够更好地将经理层利益与公司股东利益紧密联系，从而减少代理成本，提高公司价值的理念，机构股东积极支持上市公司实行股权激励，同时根据相关的统计数据显示：截至2006年底，已完成股权激励的23家上市公司，业绩普遍都有所提升。这些公司2006年末的净利润同比平均增加了102.93%，而到2007年三季度，净利润平均增幅高达208.07%，超过A股平均水平。实行股权激励确实可以提升公司的价值，而作为理性、专业的机构投资者为确保投资收益最大化，在上市公司推行股权激励计划过程中必然会发挥一定的积极作用。

第四节　本章小结

本部分以机构股东持股比率大于5%的制造业上市公司为研究对象，实证检验了2005—2007年机构股东的存在对高管薪酬的影响，通过分年度多元回归以及Binary Logisit回归分析发现：2005—2006年机构股东持股比率与高管薪酬总额之间存在显著的正相关关系，而2007年机构股东持股比率与高管薪酬之间无显著的相关关系，2005—2007年机构股东持股比率与高管薪酬—业绩敏感度之间无显著的相关关系。该实证结果说明：总体上，目前我国机构投资者对上市公司的高管薪酬缺乏监督作用，但机构投资者呈现出偏好高薪酬激励的上市公司的选股特征。虽然机构投资者对高管薪酬没有发挥监督作用，但机构投资者很重视高管的薪酬激励以及激励效果，当机构投资者对上市公司高管激励效果不满时，会采用“用脚投票”的方式抛售该公司股票。同时基于股权激励能够提升公司价值的理念，机构投资者积极支持上市公司实行股权激励计划，机构股东持股比率与上市公司是否实行股权激励存在显著的正相关关系，机构股东的存在显著提升了上市公司实行股权激励的概率。

第六章　机构股东对公司价值的影响的实证研究

通过以上章节的研究，我们可以看出，目前我国机构投资者的行动仍处于初级阶段，但机构投资者高调扮演“积极投资者”的角色却是不争的事实，机构投资者行动的效果如何？本部分以托宾 Q 值作为公司价值的代理变量，实证检验了 2005—2007 年机构股东持股与制造业上市公司价值之间的关系。

第一节　机构股东影响公司价值的机理分析

机构股东对公司价值的影响主要通过影响公司内外部治理机制来实现。公司的内部治理机制主要有股权结构、高管薪酬、董事会、信息披露及透明度等。股权结构能够影响公司的价值。1976 年，Jensen & Meckling 对内外部股东持股比率与公司价值之间关系的开创性研究结果发现：内部股东持股比率越高，公司的价值越高。而 Myeong-Hyeon Cho（1998）认为股权结构影响公司投资，从而影响公司的价值。机构股东持股比率的变化影响了股权结构，从而能够影响公司的价值。董事会机制是机构投资者参与上市公司治理最为重要的机制。通过推举董事会成员，机构投资者一方面可以直接参与公司在人事、财务以及发展战略等方面的重大决策；另一方面，以内部人的身份对管理层进行监督，可以减少委托人和代理人之间的信息不对称程度，提高监督效率，降低代理成本；此外，机构投资者还可以通过董事会机制监督其他的大股东代理人，防止其他大股东之间的串谋行为以及其他大股东与管理层的合谋行为。

公司治理的外部机制主要有产品和要素市场的竞争、控制权市场、经理人声誉市场与职业关注以及公司治理准则与政治途径。机构股东对公司外部治理机制的影响主要通过控制权市场来实现，控制权市场是指建立在现代成熟的资本市场的有效运作基础之上，通过包括公司接管、杠杆收购以及公司重组等在内的公司战略而实现的公司资产控制权力转移的各种市场行为的总称①。公司控制权的转移将导致经理人面临被辞退的危机，因此控制权转移的潜在威胁能够减少代理成本，迫使经理人从股东利益出发，追求公司价值的最大化。控制权市场是约束公司经理人行为的公司治理机制。机构投资者的壮大形成了与控股股东抗衡的有效力量，当公司经理人出现严重偏离股东利益的行为时，机构投资者可以通过控制权市场接管目标公司，从而达到更换经理层、完善公司治理的目的。由于我国现有证券投资基金在其招募说明书中往往都表示“不谋求对上市公司的控股，不参与所投资上市企业的经营管理”，因此，目前我国机构投资者对公司价值的影响主要通过资本市场以及控制权市场的外部治理机制来发挥的。

---

① 郑志刚．投资者之间的利益冲突和公司治理机制的整合．北京：中国金融出版社，2007

第二节　研究假设

在第二章，我们从实证研究的结果回顾了机构股东对公司价值影响的相关文献，本节将从研究的设计、变量的选择、样本的确定等方面重点评述相关的文献。

R. Duggal & J. A. Millar（1999）从1985—1990年间公司的并购事件中考察了并购价值与机构投资者之间的关系，通过以兼并事件公告期间的 *CAR* 为因变量，以机构股东持股比率、经理人持股比率、并购权益的市场价值、托宾 *Q* 值为自变量进行面板数据的回归发现：机构股东持股与并购价值存在显著的正相关关系，但机构股东持股集中度、积极机构股东持股比率与并购收益都没有显著的相关关系。对于这一矛盾的实证结果，R. Duggal & J. A. Millar 运用工具变量法重新对机构对公司兼并效率的影响进行检验，结果发现在2SLS回归下，无论是机构股东持股比率、机构股东持股集中度还是积极机构股东持股比率与兼并收益均不存在显著的相关关系，从而证实了效率抑制假说（efficiency abatement hypothesis），同时他们还发现机构股东持股比率与公司并购规模、内部人持股比率以及是否是标普500

指数成分股显著相关，证实了机构持股的内生性。

Tracie（2002）运用1989—1993年1 765家上市公司的数据专门研究了私人养老金与公共养老金对公司价值的影响，在以行业调整的托宾Q值为因变量，以公共、私人养老基金持股比率为自变量，以内部人持股比率、负债水平、R & D费用比率、广告费用比率以及公司规模为控制变量，同时考虑机构投资者持股的内生性，以投资接受率与指数需求为工具变量的2SLS回归中，他发现，私人养老基金持股比率每增加1%，将导致公司行业调整的Q值增加44.67，而公共养老基金持股比率每增加1%，公司行业调整的托宾Q值减少2.31，且两者的影响都是显著的。Tracie对此的解释是：私人养老基金由于薪酬激励的充分使其投资目标更符合公司股东的利益，随着持股比率的增加能够增加公司价值。而公共养老基金承担的社会和政治责任太多，导致其投资目标与公司股东出现一定程度的背离，对公司价值有一定的损害。对于面板数据中的序列相关性问题，他采用两种方法来解决——运用所有变量五年的平均数来进行回归以及公司水平的固定效应模型，在这两者方法下的回归结果都没有改变原来的结论。

Rongli，Jason & Hong（2007）运用2001—2005年上交

所与深交所5 314个样本数据研究了我国证券投资基金与公司绩效之间的关系，通过以托宾Q值以及公司ROA为因变量，分别以证券投资基金持股比率以及基金持股市值比率为自变量，以股权结构、负债水平、有形资产比率、公司规模以及市场调整的股票回报率作为控制变量的多元回归，他们发现，无论是公司托宾Q值还是ROA都与机构股东持股比率以及持股市值比率显著正相关，证实了我国证券投资基金在公司治理中的积极作用，从而为20世纪90年代后证券会大力发展机构投资者以及将机构投资者引入公司治理的政策提供了依据。针对证券投资基金的内生性问题，他们运用了五种方式来解决：①为了证明是基金的存在导致公司价值的提升，而不是基金偏好选择公司价值高的股票，在回归方程中运用滞后一期的基金持股比率来考察基金对公司价值的影响。②考虑到基金持股的持续性，运用公司特征的固定效应来控制基金持股的内生性。③为了控制行业因素对公司价值以及基金持股的影响，运用了行业调整的公司业绩作为因变量进行回归。④在回归模型中增加变量——滞后的市场调整的股票收益率来反映市场对公司未来业绩的评价。⑤以流通A股的比率、股票的换手率、前一年公司的盈利状况等作为基金持股的工具变量进行

2SLS 回归。经过以上处理后，基金持股与公司价值之间的相关系数虽然减少但仍然存在显著的正相关关系，Rongli，Jason & Hong 的研究结论通过了敏感度检验。

综上所述，若机构投资者能够发挥积极的作用，则机构股东持股比率应与公司价值之间存在显著的正相关关系。在机构投资者对公司价值影响的回归分析中应重点区分导致机构股东持股与公司价值存在正相关关系的原因，即是机构选股的偏好所致还是机构真正发挥了监督作用。

第三节　研究设计与描述性统计

一、变量定义

本节的样本与上部分研究机构股东对制造业高管薪酬影响的样本是一样的，涉及的变量有：

（一）因变量

托宾 Q 值，大量研究股权结构与公司价值关系的实证研究中均采用托宾 Q 值来衡量公司的业绩（Mork et al.，1988；Woidtke，2002）。托宾 Q 值的计算公式如下：

$$Q = \frac{V}{ASSET} = \frac{EQUITY + DEBT}{ASSET}$$

托宾 *Q* 值反映了公司的潜在发展前景，等于公司的市场价格除以公司的重置成本。公式中 *EQUITY* 表示股权价值，由于我国股份被人为地分为可流通股与不可流通股，虽然2005年开始的股权分置改革实现了股票的全流通，但限售股的流通有“锁一爬二”的规定，故本部分的公司年末股权价值 = 公司的流通股数量 × 股票年末的收盘价 + 非流通股数量 × 每股净资产。*DEBT* 表示公司负债的市场价值，本部分用公司负债的账面价值代替。*ASSET* 表示公司资产的重置成本，本部分用公司资产的账面价值代替。

（二）自变量

本部分的自变量与上部分一样，以持股比率总和大于5%的机构股东持股比率作为机构投资者影响的衡量变量。

（三）控制变量

（1）固定资产投资比率：Smith & Watts（1992）提出：一个公司的成长机会越大，有形资产比率越低，则公司的代理成本越大。Tian（2001）的实证研究也表明中国公司的价值与有形资产比率存在显著的负相关关系。

（2）公司治理水平：许多学者考查了公司治理水平对公司价值的影响，如Yermack（1996）研究了董事会的规模和公司价值的关系，发现董事会规模小的公司的价值较高。Bauer et al.（2003）以欧洲最大的300家公司为研究样本，利用公司治理评级作为公司治理水平的替代变量，发现公司治理评价越高，公司的业绩和价值越大。Brown & Caylor（2005）以51项内部和外部治理指标构建了一个公司治理指数，发现公司治理指数越高，托宾 Q 值越大。Morck, Shleifer & Vishny（1988）考察了管理层持股比率同公司价值的关系，发现二者并非线性关系。在公司治理中董事会作用的发挥是关键，因此本部分主要用董事长与CEO是否兼任独立董事的比例来代表公司董事会的作用。

（3）股权集中度：Shleifer & Vishny（1986）认为大股东的存在能够有效解决中小股东"搭便车"的行为，从而能够增加公司的价值。Xu & Wang（1999）的研究表明中国公司的价值与股权集中度存在显著的正相关关系。本部分采用公司前十大股东的持股比率之和作为股权集中度的衡量变量（第一大股东持股比率——股权结构）。

（4）负债水平：公司的负债通过利息支出、经营风险以及税收抵制会影响公司的价值（Morck et al.，1988）。Qi et al.（2000）和Sun & Tong（2003）的研究发现中国上市公司的价值与公司负债比率存在显著的正相关关系，但与公司的经营业绩呈显著的负相关关系。

（5）公司规模：Sun & Tong（2003）认为公司规模越大，因为信息不对称而产生的代理成本就以及激励成本越大，公司的价值就会受到损害。尤其是在中国，大公司可能受到政府管制与干涉的概率更大（Xu & Wang，1999），不利于公司价值的提升。

通过以上的分析，本部分涉及的变量名称以及定义如表6－1所示：

表6－1　变量定义及符号表示

	名称	符号	定义
因变量	公司价值	*Q*	（第*T*年的流通股市值＋限售股×每股净资产＋负债）/第*T*年总资产账面价
自变量	机构股东持股比率	*INST*	第*T*－1年所有机构股东持股占总股本的比率
控制变量	股权集中度	*BLOC*	第*T*年前十大股东持股比率之和
	公司规模	*ASSE*	第*T*年末总资产的金额
	资产负债率	*LEVE*	第*T*年末负债总额/资产总额
	独立董事比率	*OUT*	第*T*年独立董事人数占全体董事人数的比率
	CEO与董事长的兼任	*SING*	哑变量，兼任取1，不兼任取0
	固定资产投资比率	*FIX*	固定资产净值占总资产的比率

二、描述性统计结果

本部分涉及的变量主要是托宾 *Q* 值，其 2005—2007 年的描述性统计结果如下表 6－2 所示：

表 6－2　2005—2007 年托宾 *Q* 值描述性统计结果

托宾 *Q* 值	平均值	中位数	标准差	最小值	最大值
2005	1. 501 222	1. 275 151	0. 803 874 2	0. 832 4	6. 383 7
2006	1. 636 688	1. 403 366	0. 885 475 2	0. 817 9	5. 784 5
2007	1. 766 300	1. 472 080	1. 050 397 3	0. 881 3	8. 302 4

从表 6－2 中我们首先看出：2005—2007 年托宾 *Q* 值的平均数与中位数比较接近，说明样本基本符合正态分布，是保证下部分参数估计有效性、无偏性与渐进性的基础。其次，随着 2005 年股权分置改革的逐步实行与开展，我国上市公司的平均托宾 *Q* 值不断地上升，上市公司的投资价值不断提高，而 2005—2007 年我国机构投资者的持股比率也在不断上升，托宾 *Q* 值与机构股东持股比率之间可能存在正相关关系，这可能是由于股权分置改革导致机构股东持股比率的不断上升改变了上市公司的股权结构，促进上市公司治理结构的不断完善，从而提升了上市公司的价值。

第四节 实证检验与结果分析

一、机构股东持股与公司价值 OLS 回归分析

为了检验机构股东对制造业公司价值的影响，本部分以托宾 Q 值为因变量，以机构股东持股比率、公司规模、负债水平、股权集中度以及固定资产投资比率为自变量建立以下回归方程：

$$VALU_{it} = \beta_0 + \beta_1 INST_{it-1} + \beta_2 \mathrm{LN}(ASSE)_{it} + \beta_3 LEVE_{it} + \beta_4 BLOC_{it} + \beta_5 FIX_{it} + \beta_6 OUT_{it} + \beta_7 SING_{it} + \varepsilon_{it}$$

在以上回归方程中，如果机构股东对公司价值具有积极的作用，则系数 β_1 应该显著为正。考虑到时间因素对回归模型的影响，本部分利用 2005—2007 年数据进行分年度回归的结果如表 6 - 3 所示：

表 6-3　机构股东对公司价值影响的分年度回归结果

自变量	2005 年	2006 年	2007 年
LNASSE	-.119 (-1.513)	-.076 (-1.025)	-.150** (-2.211)
LEVE	-.589 (-1.349)	-1.062** (-2.394)	-1.473*** (-3.665)
BLOC	.005 (.968)	.004 (.847)	-.001 (-.210)
FIX	-.006 (-1.476)	-.005 (-1.254)	-.001 (-.201)
INST	4.175*** (3.455)	3.085*** (3.164)	4.418*** (5.582)
OUT	-.626 (-.421)	-1.219 (-.787)	-2.346 (-1.610)
SING	-.205 (-.956)	-.136 (-.768)	-.272 (-1.413)
N	129	152	206
调整 R^2	0.11	0.135	0.243

* 表示在 10% 水平上显著，* * 表示在 5% 水平上显著，* * * 表示在 1% 水平上显著。

从表 6-3 中可以看出 2005—2007 年制造业机构股东持股比率与公司价值呈现显著的正相关关系，机构股东持股比率每增加 1%，则制造业公司价值 2005 年增加 4.18%，2006 年增加 3.09%，2007 年增加 4.42%，机构股东的存在能够提高公司的价值。同时制造业公司的价值还与公司规模、负债水平显著相关。当然，机构股东持股比率与制造业公司价值显著正相关的另一个解释是：机构选股时倾向于选择投资价值大的公司，机构股东持股具有内生性，为了证实机构股东持股与公司价值之间的显著正相关关系是由于机构的积极监督作用导致的，下面将进行机构股东持股的内生性检验。

二、机构股东持股内生性的工具变量

Demsetz & Lehn（1985）认为公司的股权结构是内生的，由行业和公司的具体特征决定。结合以上机构股东持股内生性的研究以及我国机构投资者选股标准的相关研究，可以得出：我国的机构投资者在选择股票时主要注重股票的流动性、安全性与盈利性三项指标，因此本部分以前一年上市公司的净利润是否为正、是否是沪深300指数成分股以及流通A股占总股本的比率作为机构股东持股的工具变量，建立如下的诱导型方程：

$$INST_{it-1} = \beta_0 + \beta_1 PEP_{it-2} + \beta_2 HS300_{it-1} + \beta_3 AOUT_{it-1} + \beta_4 \mathrm{LN}(ASSE)_{it} + \beta_5 LEVE_{it} + \beta_6 OUT_{it} + \beta_7 SING_{it} + \beta_8 FIX_{it} + \beta_9 BLOC_{it} + \varepsilon_{it}$$

在以上方程中，*PEP*：虚拟变量，若前一年的净利润为正则为1，否则为0。由于公司的价值取决于公司未来现金净流量的现值，因此该变量不影响公司的价值，但机构投资者在选择股票时，基于审慎性考虑一般会选择前一年公司利润为正的股票，因此该变量影响机构投资者的持股情况。*HS*300：虚拟变量，若上市公司属于沪深 300 成分股，则为1，否则为0。*AOUT*：流通 A 股占总股本的比率。基于流动性偏好，机构投资者倾向于选择流通市值比较大的股票。根据相关的样本数据，以上回归方程的回归结果如表6－4 所示：

表6－4　机构股东持股特征回归结果

自变量	2005 年	2006 年	2007 年
LEVE	−.082*** （−2.705）	−.066* （−1.938）	−.081*** （−2.340）
LNASSE	.003 （.396）	−.013* （−1.747）	.005 （.550）
BLOC	.001 （1.444）	.001** （2.435）	.001* （1.779）
OUT	.103 （1.003）	.070 （.605）	.029 （1.785）
SING	.020 （1.369）	.021 （1.582）	−.060 （−.478）
FIX	.000 （1.462）	.000 （.868）	−.001*** （−2.473）

（续上表）

自变量	2005 年	2006 年	2007 年
*HS*300	.035*** (2.797)	.051*** (3.659)	.037** (2.223)
AOUT	.002*** (4.274)	.003*** (5.683)	.002*** (4.615)
PEP	.002 (.171)	—	.038 (.932)
N	129	152	206
调整 R^2	0.204	0.255	0.178

*表示在10%水平上显著，**表示在5%水平上显著，***表1%水平上显著。由于2006年机构持有的上市公司净利润全部为正，*PEP* 没有变化，因此没有相应的回归系数。

从以上的回归结果中可以看出：机构股东持股与公司的负债水平显著负相关，机构投资者倾向于选择负债水平低的上市公司，降低公司的经营风险。机构股东持股与是否是沪深300指数成分股以及流通A股的比率具有显著的正相关关系，表明了机构选股时对股票的盈利性以及流动性的重视，但与公司前一年是否盈利没有显著的相关关系，因此下面将以 *HS*300 以及 *AOUT* 作为机构股东持股的工具变量，对机构股东持股对公司价值的影响进行2SLS回归。

三、机构股东持股与公司价值 2SLS 回归结果

运用工具变量法解决机构股东持股的内生性问题后，机构股东对公司价值的 2SLS 回归的结果如表 6－5 所示：

表 6－5　机构股东对公司价值影响的分年度回归结果

自变量	2005 年	2006 年	2007 年
INST	12.025*** (3.782)	5.089*** (2.628)	8.037*** (3.388)
LEVE	.038 (.068)	－.891* (－1.889)	－1.069** (－2.183)
LNASSE	－.205** (－2.124)	－.086 (－1.146)	－.215*** (－2.631)
BLOC	.011 (1.621)	.006 (1.031)	.002 (.281)
OUT	－.767 (－.443)	－1.396 (－.884)	－2.127 (－1.384)
SING	－.352 (－1.381)	－.160 (－.888)	－.376* (－1.773)
FIX	－.007 (－1.505)	－.004 (－1.179)	.002 (.535)
N	129	152	206
调整 R^2	0.10	0.116	0.171

*表示在 10% 水平上显著，**表示在 5% 水平上显著，***表示在 1% 水平上显著。

从以上回归结果可以看出：在排除了机构股东持股的内生性问题后，虽然 T 值有所下降，但机构股东与公司价值之间仍然存在显著的正相关关系，机构股东持股比率每增加1%，2005—2007年公司托宾 Q 值增加的比率分别为12.025%、5.089%和8.073%，机构股东的存在确实能够提升公司的价值。一方面机构投资者作为一个投资团体，有非常大的盈利压力，本身就具备推动上市公司经营业绩、提升公司股票价格的巨大动力。另一方面作为公司较大股东的机构投资者可以通过“用手投票”与“用脚投票”的方式行使股东权利，影响公司的经营决策与经营战略，机构股东的积极监督增加了公司的价值。

第五节　本章小结

机构股东通过“用手投票”和“用脚投票”的方式，影响公司的内外部治理机制，从而最终影响公司的价值。那么，我国机构股东参与公司治理的治理效率如何？机构股东的存在是否能够影响公司价值？本部分以制造业上市公司为研究对象，实证检验了2005—2007年机构股东对制造业公司价值的影响。考虑到机构股东持股的内生性，在以流通A股占总股本的比率以及上市公司是否属于沪深300成分股作为机构股东持股的工具变量的情况下，对机构股东持股与公司价值进行了2SLS回归，实证的结果显示：2005—2007年机构股东持股比率与公司价值存在显著的正相关关系，机构股东持股比率每增加1%，2005—2007年公司托宾*Q*值增加的比率分别为12.025%、5.089%和8.073%，表明我国机构股东的存在确实能够提升公司的价值，一方面机构投资者作为一个投资团体，有非常大的盈利压力，本身就具备推动上市公司经营业绩、提升公司股票价格的巨大动力。另一方面作为公司较大股东的机构投资者通过行使股东投票权、提交股东议案的方式在公司治理中发挥了一定的作用，增加了股东财富。同时还发现公司价值与负债水平以及资产规模存在显著的负相关关系，说明负债水平较低、公司规模较小的上市公司价值较高。

第七章 结 语

本章在对前六章的研究结果进行总结的基础上，提出促使我国机构投资者积极参与公司治理的一些建议，并指出本研究的局限以及未来可突破的研究方向。

第一节 研究结论与启示

本书在股权分置改革及机构投资者蓬勃发展的背景下，探讨了机构股东在第二类委托—代理问题中的作用机理以及参与公司治理的现状，并以相关案例以及机构股东持股比率超过5%的制造业上市公司为研究样本，实证检验了机构股东参与公司治理的治理效果。通过以上研究，我们认为：目前我国机构股东的积极行动仍处于初级阶段，但机构股东的存在在一定程度上能够提升公司价值，随着国有股、法人股的逐步退出以及我国资本市场的逐步完善与成熟，机构投资者的兴起与发展是一种未来的趋势，机构投资者将逐渐成为公司的主要股东，其在公司治理中将发挥越来越重要的作用。具体来看，本研究的主要研究结论及启示如下：

（1）股权分置改革之后，机构投资者持股比率的提升，改变了我国“一股独大”的股权结构，机构投资者在一定程度上参与了公司治理的活动，影响了公司治理模式。2004年的神火股份可转债发行风波以及2005年的万科地产公司章程修改案都表明：我国的机构投资者已经由消极的投资者向积极的投资者转变，机构投资者能够利用行使股东投票权、提交股东议案等方式积极参与公司治理，对公司治理的干预程度也从一般性的涉及股东、董事、关联交易、信息披露等方面的干预，开始转向监察公司内部执行与控制投资风险等方面。当然，机构投资者不是天然的积极行动者，保护中小股东利益也不是其本身的职责，当机构投资者与控股股东合谋所获得的利益大于与其抗衡所获得的利益时，追求自身收益最大化的机构投资者必然选择与控股股东合作，共同侵害中小股东利益。这一点在清华同方与金牛能源的股改方案中一目了然。因此，要想通过机构投资者的发展壮大促进公司治理状况的改善，保护中小股东的利益，必须通过一系列的制度设计，提高机构投资者与控股大股东合谋的成本，同时尽可能地让机构投资者与中小股东的利益保持一致，为杜绝机构投资者的合谋行为提供制度保障，这样机构投资者才能在公司治理中发挥更积极的作用。

（2）“一股独大”的股权结构导致我国上市公司存在严重的第二类委托—代理问题，机构投资者在控股大股东“掏空”问题的解决中能否发挥有效的作用？本书通过构建机构股东与控股大股东“掏空”行为的不完全信息博弈模型发现：机构股东是否监督大股东的“掏空”行为取决于其对公司治理状况好坏的判断，当机构股东判断公司治理状况不好的概率小于$\frac{a_2 r B_H - c_1}{a_2 r\ (B_H - B_L)}$时，机构股东选择监督策略，且机构股东持股比率越高、持股时间越长越倾向于监督大股东的“掏空”行为，机构股东监督是法制监督的有效补充，其作用的有效性发挥依赖于法律体系的完善。

通过以上模型的探讨，本研究认为要充分发挥机构投资者在公司治理中的作用，尤其是发挥监督控股大股东“掏空”行为的作用，首先，应不断完善法律与监管制度，创造机构投资者参与公司治理的良好的外部制度环境；其次，应促进资本市场与上市公司治理结构的不断发展与完善，继续壮大机构投资者的规模，提高机构股东的持股比率。如在股权分置改革顺利完成限售股逐渐解禁的情况下，修改《证券投资基金法》中有关证券投资基金投资组合的两个10%的限定，适当提高单个上市公司中基金持股比率的限制。最后，应加强机构投资者本身的建设，调整机构投资者的结构，鼓励以社保基金为代表的各种合规长期资金进入证券市场。完善内部控制体系与机构经理人的考核体系，转变机构投资者的投资理念。同时不断加强上市公司信息披露管理，促使上市公司披露信息更及时、可靠与完整，提高机构股东对公司治理状况判断的准确性。

（3）“天价薪酬”的出现以及股权激励计划的实施，使得人们越来越关注上市公司高管薪酬的动态，机构投资者的存在是否能够抑制高管的薪酬水平，是否能够加强高管薪酬与公司业绩的联动性，从而促使上市公司的薪酬机制更加合理与有效？本书利用2005—2007年制造业企业相关的薪酬与财务数据，通过多元线性回归以及Binary Logisit回归最终发现：2005—2006年机构股东持股比率与高管薪酬总额之间存在显著的正相关关系，而2007年机构股东持股比率与高管薪酬之间无显著的相关关系，2005—2007年机构股东持股比率与高管薪酬—业绩敏感度之间无显著的相关关系。该实证结果说明：总体上，目前我国机构投资者对上市公司的高管薪酬缺乏监督作用，但机构投资者呈现出偏好高薪酬激励的上市公司的选股特征。虽然机构投资者对高管薪酬没有发挥监督作用，但机构投资者很重视高管的薪酬激励以及激励效果，当机构投资者对上市公司高管激励效果不满时，会采用“用脚投票”的方式抛售该公司股票。同时基于股权激励能够提升公司价值的理念，机构投资者积极支持上市公司实行股权激励计划，机构股东持股比率与上市公司是否实行股权激励存在显著的正相关关系，机构股东的存在显著提升了上市公司实行股权激励的概率。

（4）机构股东参与公司治理的治理效率如何？本书以托宾Q值作为公司价值的代理变量，考察了2005—2007年机构股东持股对制造业公司价值的影响，考虑到机构股东持股的内生性，在以流通 A 股占总股本的比率以及上市公司是否属于沪深 300 成分股作为机构股东持股的工具变量的情况下，对机构股东持股与公司价值进行了 2SLS 回归，实证的结果显示：2005—2007 年机构股东持股比率与托宾 Q 值之间存在显著的正相关关系，说明机构股东的存在在一定程度上能够提升公司的价值，一方面机构投资者作为一个投资团体，有非常大的盈利压力，本身就具备推动上市公司经营业绩、提升公司股票价格的巨大动力。另一方面作为公司较大股东的机构投资者可以通过“用手投票”与“用脚投票”的方式行使股东权利，影响公司的经营决策与经营战略，改善公司治理状况，从而增加公司的价值。

综合以上的研究结果，我们认为：目前我国机构股东参与公司治理仍处于初级阶段，但机构股东越来越倾向于高调扮演“积极投资者”的角色却是不争的事实，且机构股东对公司治理的影响是积极的。这种积极意义主要表现为以下三个方面：首先，在一定程度上抑制了公司管理层权力的滥用。虽然这种抑制实效的发挥需要外部机制的健全与完善，但机构投资者确实是一种重要的制衡力量，是对公司“内部人控制”的一种控制；其次，在一定程度上改善了上市公司的治理结构，提升了上市公司的整体业绩；

再次，推动了公司治理运动的发展，提高了上市公司公司治理的整体水平。当然，我们在研究中也发现了机构股东与控股大股东合谋而损害中小股东利益的证据。所以，我们应辩证地看待机构投资者与公司治理的关系，既要肯定机构投资者积极作用的一面，也不能盲目地把机构投资者参与公司治理的效果扩大化、绝对化。应通过政策面积极倡导机构投资者“参与”公司治理，但不能期望让其“控制”公司。在股东大会“一言堂”的今天让中小股东能够听到机构积极的声音，让公司经营者感受到另一种重要的外在制衡力量，让机构投资者在参与公司治理中发掘公司新的投资价值，使机构投资者成为保护中小股东的利益的有力使者。

第二节 研究局限与展望

本书从理论与实证两个方面研究了机构投资者参与公司治理的问题，由于机构投资者发展的历史较短，且相关的大量研究都集中在证券市场的功能，研究问题的前沿性对于本书来说是一大挑战，因此本研究存在一定的局限性，有待今后进一步完善与拓展。

首先，虽然首次运用博弈论探讨了机构投资者在第二类委托—代理问题中的作用，并通过模型的推导与分析，得到了机构监督是法制监督的补充，加强法制惩罚力度是机构监督有效性的保证等一系列有用的结论，但由于控股大股东“掏空”行为的隐蔽性以及机构股东监督作用的难衡量性，本书没有找到现实中的相关数据或案例进行证实，今后可从控股大股东“掏空”行为以及机构股东监督作用的衡量上进行突破，寻找相关的案例或数据进行论证完善。

其次，在探讨股权激励中机构股东发挥的作用时，由于股票期权激励是新生事物，数据的收集存在一定的困难，本书仅就 2006 年的数据进行实证，在数据范围上存在局限，今后随着股权激励的推广，可以运用更多的数据进行检验。

虽然目前我国机构投资者参与公司治理仍处于初级阶段，但随着机构投资者的不断发展以及积极行动的不断增加，可以预见机构投资者必将在公司治理中发挥越来越重要的作用，根据我国的具体国情以及相关制度背景，本书认为今后关于机构投资者公司治理功能的研究可以从以下方面展开：

（1）不同于西方发达国家股权结构相对分散的情况，

我国公司的股权结构比较集中，这导致我国公司主要面临控股大股东与中小股东之间的代理问题，因此探讨机构投资者在第二类委托—代理问题中的作用更加重要。

（2）由于不同的机构投资者的投资目的、投资方式以及投资理念等不同，导致不同的机构投资者对公司治理的作用不一样，国外的实证研究结果表明：独立的、长期的机构投资者（养老基金、社保基金、公募基金）能对公司治理发挥积极作用，能够提升公司的价值；而与公司利益有关的，追求短期收益的机构投资者（银行、保险公司）一般不会参与公司的治理活动，与公司的价值之间也不存在显著的相关关系。而本书并没有探讨不同机构投资者在公司治理中的作用及作用实效，这将是今后本书要突破的一个方面。

（3）国外的实证研究结果显示，机构投资者对公司的股利政策、R & D 费用的投入、兼并决策、盈余管理行为等一系列经营决策和经营战略都有重大影响，而我国对此方面的研究较少，仅罗栋梁（2007）实证检验了机构投资者对公司筹资行为、信息披露行为以及盈余管理行为的影响，因此有必要对机构投资者参与下的公司各方面的行为进行实证研究。

参考文献

[1] 李增泉，孙铮，王志伟．“掏空”与所有权安排——来自我国上市公司大股东资金占用的经验证据．会计研究，2004（12）

[2] 黎来芳．商业伦理、诚信义务与不道德控制——鸿仪系“掏空”上市公司的案例研究．会计研究，2005（11）

[3] 罗党论，唐清泉．市场环境与控股股东“掏空”行为研究——来自中国上市公司的经验证据．会计研究，2007（4）

[4] 叶康涛，陆正飞，张志华．独立董事能否抑制大股东的“掏空”．经济研究，2007（4）

[5] 罗党论，黄郡．审计师与控股股东“掏空”行为——来自中国上市公司的经验证据．当代经济管理，2007（4）

[6] 高雷，宋顺林．掏空、财富效应与投资者保护——基于上市公司关联担保的经验证据．中国会计评论，2007（3）

[7] 青木昌彦．比较制度分析．上海：上海远东出版社，2001

[8] 张五常．经济解释：张五常经济论文选．北京：商务印书馆，2001

[9] 张维迎．企业理论与中国企业改革．北京：北京大学出版社，2001

[10] 坦尼夫，张春霖，白瑞福特．中国的公司治理与企业改革．北京：中国财政经济出版社，2002

[11] 王连伟，李志华．机构投资者、上市公司治理与经营业绩：基于中国股票市场的实证研究．第五届经济学年会，2005

[12] 邵颖红，陈爱军．机构股东积极主义发展中存在

的主要争论. 同济大学学报（社会科学版），2004（15）

［13］郎唯群. 机构投资者与公司治理. 华东师范大学博士学位论文，2003

［14］郑志刚. 投资者之间的利益冲突和公司治理机制的整合. 经济研究，2004（2）

［15］张恒，刘力昌. 中国机构投资者参与上市公司治理研究. 经济管理，2005（10）

［16］刘胜军. 股东行动主义与公司治理. 证券市场导报，1999（8）

［17］季冬生. 美国共同基金治理角色的变化及其借鉴. 经济理论与经济管理，2004（11）

［18］陈国力. 机构投资者与公司治理. 管理现代化，2001（6）

［19］谢魁星，吴姚东. 论中国公司治理改革与机构投资者的发展. 经济评论，2002（5）

［20］曹廷求. 近二十年来有关公司治理的主要争议及其启示. 山西财经大学学报，2002（6）

［21］韦磊. 试论机构投资者参与公司治理问题. 华东理工大学学报，2003（2）

［22］林朝南，刘星，郝颖. 行业特征与控制权私利：

来自中国上市公司的经验证据．经济科学，2006（3）

［23］谢识予．经济博弈论（第二版）．上海：复旦大学出版社，2001

［24］谌新民，刘善敏．上市公司经营者报酬结构性差异的实证研究．经济研究，2003（8）

［25］陈志广．高级管理人员报酬的实证研究．当代经济科学，2002（5）

［26］胡铭．我国上市公司董事会独立性研究．嘉兴学院学报，2003（2）

［27］魏刚．高级管理层激励与上市公司经营绩效．经济研究，2000（3）

［28］于东智，谷立日．上市公司管理层持股的激励效用及影响因素．经济理论与经济管理，2001（49）

［29］张正堂．企业家报酬的决定：理论与实证研究．北京：经济管理出版社，2003

［30］张涛．企业激励约束机制问题实证研究．山东财政学院学报，2003

［31］周晓艳，王凌．股权结构、多元化与公司绩效．江苏社会科学，2003（6）

［32］朱克江．经营者薪酬激励制度研究．北京：中国

经济出版社，2002

［33］耿志民．中国机构投资者研究．北京：中国人民大学出版社，2002

［34］李季，王宇．机构投资者：新金融景观．大连：东北财经大学出版社，2002

［35］李增泉．激励机制与企业绩效．会计研究，2000（1）

［36］魏刚．高级管理层激励与上市公司经营绩效．经济研究，2000（3）

［37］陈志广．高级管理人员报酬的实证研究．当代经济科学，2000（5）

［38］宫玉松．投资与投机——机构投资者投资行为研究．北京：中国金融出版社，2004

［39］刘长青．证券投资辞典．北京：中国物资出版社，1993

［40］严杰．证券词典．上海：复旦大学出版社，1993

［41］约翰·伊特韦尔，默里·米尔盖特，彼得·纽曼．新帕尔格雷夫经济学大辞典．北京：经济科学出版社，1996

［42］饶育蕾，刘达锋．行为金融学．上海：上海财经大学出版社，2003

［43］刘建洲，丁楹．机构投资者的发展对资本市场的影响．证券市场导报，2002（5）

［44］庄序莹．证券市场中的机构投资者问题研究．财经研究，2001（6）

［45］柯惠新，黄京华，沈浩．调查研究中统计分析法．北京：北京广播学院出版社，1992

［46］李有根，赵西萍．经营者报酬机制的决定因素研究综述．经济学动态，2000（1）

［47］陈朝龙．中国上市公司管理层激励的实证研究．重庆大学学报（社科版），2002（5）

［48］杨瑞龙，刘江．经理报酬、企业绩效与股权结构的实证研究．江苏行政学院学报，2002（1）

［49］让·雅克·拉丰，大卫·马赫蒂摩．激励理论：委托—代理模型（中译本）．北京：中国人民大学出版社，2002

［50］瓦茨，J. L. 齐默尔曼．实证会计理论（中译本）．北京：中国商业出版社，1990

［51］庞德等．公司治理（中译本）．北京：中国人民

大学出版社，2002

［52］李维安．现代公司治理研究——资本结构、公司治理和国有企业股份制改革．北京：中国人民大学出版社，2002

［53］林涛，许云霄．公司治理的产生、内涵与机制．经济社会体制比较，2002（6）

［54］刘国亮，王加胜．上市公司股权结构、激励制度及绩效的实证研究．经济理论与经济管理，2000（5）

［55］卢昌崇．公司治理机构及新、老三会关系论．经济研究，1994（11）

［56］施东晖．股权结构、公司治理与绩效表现．世界经济，2000（12）

［57］孙永祥，黄祖辉．上市公司的股权结构与绩效．经济研究，1999（12）

［58］汪辉．上市公司债务融资、公司治理与市场价值．经济研究，2003（8）

［59］朱武祥，宋勇．股权结构与企业价值．经济研究，2001（12）

［60］Bentson，G. 1985，The self-serving management hypothesis：some evidence，*Journal of Accounting and Econom-*

ics, 7: pp. 67 – 84.

[61] Carroll T., Ciscel D. 1982, The effects of regulation on executive compensation, *Review of Economics and Statistics*, 64: pp. 505 – 509.

[62] Chan, H. S. 1994, *Agency Problem and Bureaucratic Governance in the People's Republic of China*, INT. L, J. OFPUB. ADMI2, N., Vol. 17, No. 9: pp. 1631 – 1662.

[63] Ciscel, D. H. 1974, Determinants of executive compensation, *Southern Economic Journal*, Vol. 40.

[64] Ciscel, D. & Carroll, T. 1980, The determinants of executive salaries: an econometric survey, *Review of Economics and Statistics*, 62: pp. 7 – 13.

[65] Culpan, R. Murti, V. N. & Culpan, O. 1992, Determinants of CEO pay in service industry firms, *Group & Organization Management*, Vol. 17, No. 2: pp. 210 – 217.

[66] Crystal, G. S. 1992, CEO pay: how much is enough? *Harvard Business Review*, July—August.

[67] Finkelstein S., Hambrick D. 1989, Chief executive compensation: A study of the inter section of market sand political processes, *Strategic Management Journal*, 10:

pp. 121 – 134.

[68] Hirschey, M. & Pappas, J. 1981, Regulatory and life cycle influences on managerial incentives, *Southern Economic Journal*, 48: pp. 327 – 334.

[69] Jensen, M. C. & Murphy, K. J, 1990, CEO incentives—it's not how much you pay, but how, *Havard Business Review*, May-June: pp. 138 – 153.

[70] Lee, B. E. 1996, *CEO Compensation and Manager Decisions: Evidence from Acquisitions (Firm Performance)*, Copyright UMI Company.

[71] Murphy, K. 1985, Corporate performance and managerial remuneration: an empirical analysis, *Journal of Accounting and Economics*, 7: pp. 11 – 42.

[72] Smith, C. W. & Watts, R. L. 1992, The investment opportunity set and corporate financing, dividend and compensation policies, *Journal of Financial Economics*, 32: pp. 263 – 292.

[73] Sigler, K. J. & Haley, J. P. 1995, CEO pay and company performance, *Managerial Finance*, Vol. 21 No. 2: pp. 31 – 42.

[74] Wang, C. 1997, Incentives, CEO compensation and shareholder wealth in a dynamic agency model, *Journal of Economic Theory*, 76: pp. 72 – 105.

[75] Berle & Means, 1932, *The Modern Corporation and Private Property*, Chicago: Commerce Clearing House.

[76] Philip C. 2004, The CalPERS effect revisited, *Journal of Corporate Finance*, 1: pp. 157 – 174.

[77] Prowse, S. 1995, Corporate governance in an international perspective: a survey of corporate control mechanisms among large firms in the U. S. , U. K. , Japan and Germany, *Financial Markets, Institutions and Instruments*, 4: pp. 1 – 63.

[78] Smith, M. P. 1996, Shareholder activism by institutional investors: evidence from CalPERS, *Journal of Finance*, 51: pp. 227 – 255.

[79] Richard. W. & Sias, 2004, Institutional herding, *The Review of Financial Studies*, Vol. 17, No. 1: pp. 165 – 206.

[80] Jayne, W. & Barnard, 1991, Institutional investors and the new corporate governance, *North Carolina Law Review*, Vol. 69, p. 1135.

[81] Gillan, S. L. & Starks L. T. 2000, Corporate governance proposals activism: the role of institutional investors, *Journal of Financial Economics*, 42: pp. 345 – 380.

[82] Guercio, Jennifer Hawkins, 1999, The motivation and impact of pension fund activism, *Journal of Financial Economics*, 52: pp. 293 – 340.

[83] Rock, E. B. 1991, The logic and (uncertain) significance of institutional shareholder activism, *Georgetown Law Journal*, p. 79.

[84] Prevost, R. & Rao, 2000, Of what value are shareholder proposals sponsored by public pension funds? *Journal of Business*, 73: pp. 177 – 204.

[85] Karpoff, J. M., Malatesta P. H. & Walkling R. A. 1996, Corporate governance and shareholder initiatives, empirical evidence, *Journal of Financial Economics*, 42: pp. 365 – 395.

[86] Black, B. S. & Coffee, Jr. 1994, Hail britannia: institutional investor behavior under limited regulation, *Michigan Law Review*, 92: pp. 1997 – 2087.

[87] Coffee, Jr. 1991, Liquidity versus control: The insti-

tutional investor as corporate monitor, *Columbia Law Review*, 91: pp. 1277 - 1368.

[88] Carleton, W. J. Nelson & M. Weisbach, 1998, The influence of institutions on corporate governance through private negotiations: evidence from TIAA-CREF, *Journal of Finance*, 53: pp. 1335 - 1362.

[89] Nesbitt, S. L. 1994, Long-term rewards from shareholder activism: a study of the CalPERS effect, *Journal of Applied Corporate Finance*, 6: pp. 75 - 80.

[90] McConnell J. J. and Servaes, H. 1990, Additional evidence on equity ownership and corporate value, *Journal of Financial Economics*, 27: pp. 595 - 617.

[91] Hayes, R. H. & Abernathy, W. J. 1980, Managing our way to economic decline, *Harvard Business Review*, *August*, pp. 67 - 77.

[92] Fleming & Michael J. 1994, Large-stake investors and corporate performance, *PhD dissertation*, *Harvard University*, *Department of Economics.*

[93] Rock, E. B. 1991, The logic and (uncertain) significance of institutional shareholder activism, *Georgetown Law*

Journal, p. 79.

[94] Useem, M. 1996, *Investor Capitalism—How Money Managers are Changing the Face of Corporate America*, Basic Books.

[95] Macey, J. R. 1997, Institutional Investors and corporate monitoring: a demand-side perspective, *Journal of Managerial and Decision Economics*, 18: pp. 601 –610.

[96] Chung, R. Firth, M. & Kim, J. B. 2002, Institutional monitoring and opportunistic earnings management, *Journal of Corporate Finance*, 8: pp. 29 –48.

[97] Gillan, S. L. & Starks, L. T. 2003, Corporate governance, corporate ownership, and the role of institutional investors: a global perspective, *Journal of Applied Finance*, Fall, Vol. 13, No. 2: pp. 4 –18.

[98] Niclas Hellman, 2005, Can we expect institutional investors to improve corporate governance scandinavian, *Journal of Management*, 21: pp. 293 –327.

[99] Aggarwa, I R., Klapper, L. & Wysock, I. P. 2005, Portfolio preferences of foreign institutional investors, *Journal of Banking & Finance*, 29: pp. 2919 –2946.

[100] Xia, Jarrad & Kai Li, 2007, Monitoring: Which institutions matter? *Journal of Financial Economics*, 86: pp. 279 – 305.

[101] Helen Short, Hao Zhang & Kevin Keasey, 2002, The link between dividend policy and institutional ownership , *Journal of Corporate Finance*, Vol. 8, Issue 2, March 2002, pp. 105 – 122.

[102] Marlin, R. H. Jensena, John S. Jahera Jr. & Jennie E. Raymond. 1999, Agency problems and the simultaneity of financial decision making the role of institutional ownership, *International Review of Financial Analysis*, Vol. 8, Issue 2, June : pp. 177 – 197.

[103] Lewellen, W. , Loderer, C. & Rosenfeld, A. 1985, Merger decisions and executive stock ownership in acquiring firms, *Journal of Accounting and Economics*, 7: pp. 209 – 231.

[104] Coase, 1937, The nature of the firm, *Economica*, 4: pp. 386 – 405.

[105] Agrawal, A. & Mandelker, G. N. 1990, Large shareholders and the monitoring of managers: The case of anti-

takeover amendments, *Journal of Financial and Quantitative Analysis*, 25: pp. 143 - 161.

[106] Amihud, Y. & Lev, B. 1981, Risk reduction as a managerial motive for conglomerate mergers, *Journal of Economics*, Autumn: pp. 605 - 617.

[107] Asquith, P., Bruner, R. & Mullins, D. Jr. 1983, The gains to bidding firms from merger, *Journal of Financial Economics*, 11: pp. 121 - 140.

[108] Brickley, J., Lease, R. & Smith, C. 1988, Ownership structure and the monitoring of managers, *Journal of Financial Economics*, 20: pp. 267 - 291.

[109] Brown, S. J. & Warner, J. B. 1985, Using daily stock returns: The case of event studies, *Journal of Financial Economics*, 14: pp. 3 - 31.

[110] Copeland, T. E. & Mayers, D. 1982, The value line enigma: 1965—1978: a case study of performance evaluation issues, *Journal of Financial Economics*, 10: pp. 289 - 321.

[111] Demsetz, H. & Lehn, K. 1985, The structure of corporate ownership: causes and consequences, *Journal of Po-*

litical Economy, 93: pp. 1155 - 1177.

[112] Grier, P. & Zychowicz, E. J. 1994, Institutional investors, corporate discipline and the role of debt, *Journal of Economics and Business*, 46: pp. 1 - 11.

[113] Jarrell, G. Lehn, K. & Marr, W. 1985, Institutional ownership, tender offers and long-term investments, *Office of the Chief Economist, Securities and Exchange Commission*, Washington.

[114] Jensen, M. C. 1988, Takeovers: their causes and consequences, *Journal of Economic Perspectives*, 2: pp. 21 - 48.

[115] Lang, L. H. P. Stulz, R. M. & Walkling, R. A. 1989, Managerial performance, Tobin's q and the gains from successful tender offers, *Journal of Financial Economics*, 24: pp. 137 - 154.

[116] Min Dong & Aydin Ozkan, 2008, Institutional investors and director pay: an empirical study of UK companies, *Journal of Multinational Financial Management*, Vol. 18, Issue 1, February: pp. 16 - 29.

[117] Morck, R. Shleifer, A. & Vishny, R. 1990, Do

managerial objectives drive bad acquisitions? *Journal of Finance*, 45: pp. 31 -48.

[118] Nesbitt, S. 1994, Long-term rewards from shareholder activism: a study of the CalPERS effect, *Journal of Applied Corporate Finance*, 6: pp. 74 -79.

[119] Pound, J. 1988, Proxy contests and the efficiency of shareholder oversight, *Journal of Financial Economics*, 20: pp. 237 -265.

[120] Pound, J. 1991, Proxy voting and the SEC: Investor protection versus market efficiency, *Journal of Financial Economics*, 29: pp. 241 -285.

[121] Roe, M. J. 1990, Political and legal restraints on ownership and control of public companies, *Journal of Financial Economics*, 27: pp. 7 -41.

[122] Servaes, H. 1991, Tobin's q and the gains from takeovers, *Journal of Finance*, 46: pp. 409 -419.

[123] Shleifer, A. & Vishny, R. 1986, Large shareholders and corporate control, *Journal of Political Economy*, 94: pp. 461 -488.

[124] Stulz, R. Walkling, R. A. & Song, M. H. 1990,

The distribution of target ownership and the division of gains in successful takeovers, *Journal of Finance*, 45: pp. 817 – 834.

[125] Wahal, S. 1996, Public pension fund activism and firm performance, *Journal of Financial and Quantitative Analysis*, 31: pp. 1 – 23.

后记

本书是在我的博士论文基础上融入最新的研究修改而成的，博士论文的撰写是值得人生回味的一个过程。在中国实行市场经济30年之际，能够来到中国改革开放最前沿和经济活动最活跃的上海来攻读博士，亲身感受中国经济的起飞和成长，我是幸运的；进入处于我国经济和管理研究前沿的上海财经大学，学习其看待市场经济的态度和先进的教育理念，我同样是幸运的；而能够跟随以独立思考、开拓创新为鲜明个性的覃正教授进行学术研究，乃是幸运中之幸运！

本书能在上海世博会期间“与时俱进”地出版，在这里首先要感谢我的导师——覃正教授，他的知遇之恩和谆谆教诲，以及他严谨的治学态度和对我无微不至的关爱是我毕生珍贵的师生情谊。在他的悉心教导下，我逐渐理解独立思考和创新思想的内涵，并隐隐感到这些思想可能会成为我未来人生最大的财富。其次要感谢南京财经大学副院长李连军教授，在我与他同事阶段，他就建议我争考上海财经大学博士；在我读博期间，他也不断地提醒我在学术道路上要持续地积累，并坦言：“学者的成长，要耐得住寂寞，不断读书、思考，加深对世事的了解。”再次，我要感谢我的同门师兄任刚博士和上海财经大学经济学院倪鹏翔博士，通过与他们的探讨，我加深了对金融理论及经济理论的学习与理解。最后，在生活上，我还要感谢周锋老师、郝晓玲老师、韩景倜老师、韩冬梅老师、张涛老师、俞国平老师、蒋元涛老师、张娥老师、李艳红老师、王松昕老师、崔敬东老师、黄海亮老师、李欣苗老师、薛小峰老师、曾庆峰老师、胡铱可老师、杜梅先老师等对我的无私指导和帮助。他们在学习上开阔了我的视野，在生活上促使了我的成熟，感谢你们。

在此还要感谢我的家人对我的无私付出，他们使我在学习和研究的过程中没有后顾之忧，他们全力的支持和鼓励是鞭策我不断前进、茁壮成长的最大的动力。谨以此书表达我对他们的感激之情！

赵 敏

2010年6月